中国地方政府绩效评估模式差异研究

徐 阳◎著

RESEARCH ON THE DIFFERENCES OF
PERFORMANCE EVALUATION MODELS OF
CHINESE LOCAL GOVERNMENTS

图书在版编目（CIP）数据

中国地方政府绩效评估模式差异研究/徐阳著.—北京：经济管理出版社；2021.6
ISBN 978-7-5096-8104-6

Ⅰ.①中… Ⅱ.①徐… Ⅲ.①地方政府—行政管理—评价—研究—中国 Ⅳ.①D625

中国版本图书馆 CIP 数据核字（2021）第 131136 号

组稿编辑：任爱清
责任编辑：任爱清 李光萌
责任印制：黄章平
责任校对：张晓燕

出版发行：经济管理出版社
　　　　　（北京市海淀区北蜂窝 8 号中雅大厦 A 座 11 层　100038）
网　　址：www.E-mp.com.cn
电　　话：(010) 51915602
印　　刷：唐山昊达印刷有限公司
经　　销：新华书店
开　　本：720mm×1000mm/16
印　　张：12
字　　数：184 千字
版　　次：2021 年 8 月第 1 版　2021 年 8 月第 1 次印刷
书　　号：ISBN 978-7-5096-8104-6
定　　价：78.00 元

・版权所有　翻印必究・

凡购本社图书，如有印装错误，由本社读者服务部负责调换。
联系地址：北京阜外月坛北小街 2 号
电话：(010) 68022974　邮编：100836

前　言

自 20 世纪 70 年代以来，在凯恩斯国家干预主义理论的长期指导下，西方国家政府一方面不断扩张其规模，另一方面却难以提高其效率，逐渐出现了"政府失灵"的现象，进而引发了一系列的经济、社会和政治问题，导致公众对政府的不满与日俱增。为此，各国政府借鉴经济学和企业管理等相关的理论、技术与手段，普遍开展了战略管理、流程再造及民营化等形式的"新公共管理"运动，引入竞争机制，强调顾客导向，力图通过"重建、改进、精简"提升政府的绩效与公信力，如英国撒切尔政府的民营化改革、美国克林顿政府的全国公共部门绩效评估运动以及澳大利亚的"财政管理改进计划"等。在这场运动中，作为一种源于企业界的先进管理方法和工具，绩效评估被广泛运用到各国公共行政中，深刻地影响了政府运作模式，有力地推动了政府改革进程。其中，美国、英国等许多欧美国家已经基本构建了较为完善的政府绩效评估模式，在地方政府层面形成了制度化的评估体系，而以韩国、日本为代表的亚洲发达国家也早已将政府绩效评估作为政府管理创新的主要方向和着力点。

中国对政府绩效评估的相关探索由来已久。自 20 世纪 80 年代以来，在推动行政管理体制改革的实际需求和西方政府绩效评估实践的影响下，中国各级政府与社会各界显著加强了对政府绩效评估的重视程度，着力引入国外政府绩效评估的理论和方法，不仅取得了丰硕的理论成果，而且也积累了宝贵的实践经验。在实践探索中，青岛、福建、珠海、兰州等地的政府和部门从不同侧面切入，陆续构建了目标责任制、效能建设、公众评议及第三方评估等政府绩效评估模式（本领域学界一般所称的"青岛模式""福建模式""杭州模式""兰州模式"），有效提升了政府绩效和公信力，推动了政府管理科学化的深入发展。但是，通过细致考察中国地方政府绩效评估的典型案例可以发现，各地评估实践在一定程度上形成了"模式壁垒"的现象,如制度安排不统一、评估组织自发分散,机制设计不合理、评估内容照抄复制等,削弱了评估的意义,降低了政府机构人员的工作热情,造成了人力、物力、财力、时间的浪费,不利于评估的整体健康发展。政府绩效评估的工具性和普适性也正受到质疑,部分地区和部门甚至已经放弃和否定了之前的做法。面对各地纷繁复杂的评估实践现状,中国地方政府绩效评估实践既有机遇,又面临着多重的挑战。近年来,中央政府正对各地评估实践的杂乱行为进行整体的规范,同时进一步探索建立具有中国特色的政府绩效评估模式,如党的十八大报告中明确提出,要"创新行政管理方式,提高政府公信力和执行力,推进政府绩效管理";党的十八届三中全会通过的《全面深化改革若干重大问题的决定》明确要求"完善发展成果考核评价体系,纠正单纯以经济增长速度评定政绩的偏向";2013年6月,习近平总书记在全国组织工作会议上明确指出,要改进考核方法手段,将民生改善、社会进步、生态效益等指标和实绩作为重要的考核内容;国务院也于2011年6月批准了多个地区和部门的政府绩效评估试点工作。

自党的十八大以来,中国特色社会主义进入了新时代,一方面,坚持科学发展思维,深入推进国家治理体系和治理能力现代化,是我国时代发展的大方向,其中就政府治理领域而言,科学发展观需要以科学政绩观为基础,而科学政绩观又需要以科学的政府绩效评估体系为保障;另一方面,虽然科学决策和民主决策早已成为我国政治体制运行和公共管理实践的重要内容,但在决策效果和政府绩效如何评估的问题上,却始终缺乏一套"科学化、专业化、具有可操作性的"政府绩效评估体系。[①] 因此,通过全面梳理中国政府绩效评估差异的形成过程,总结模式壁垒形成的现状和后果,探究其根源所在,进而分析各类模式的特征、有效性及其局限性,并指出评估可行的发展方向,对于政府绩效评估领域的研究和实践都具有重要意义。在推进国家治理体系和治理能力现代化的时代发展主题下,科学有效的地方政府绩效评估应是中国全面深化行政管理体制改革、推进政府职能转变的题中应有之义。具体而言,推进地方政府绩效评估研究,一是有利

---

① 贠杰.中国地方政府绩效评估报告 No.1 [M].北京:社会科学文献出版社,2017.

于我国树立科学的政绩观，进而贯彻落实科学发展观，推进国家治理体系和治理能力现代化；二是有利于揭示政府管理中存在的问题，有效推动管理体制的变革和政府职能的明确，优化公共资源配置，推进政府管理的科学化、规范化和精细化；三是有利于我国行政管理领域的良性发展，有效推动解决新时期政府所面临的反腐倡廉、社会治理、公众满意度、政务信息公开等其他各类问题。

回顾中国地方政府绩效评估差异的历史演变可以看到：国内评估实践的差异显著，各地做法总体上可归类为两类不同的评估模式；在评估的各个方面，两类模式之间存在"壁垒"与"鸿沟"，对中国地方政府绩效评估的发展构成了严重的阻碍。以上问题及后果的存在，引出了本书研究的中心问题：中国地方政府绩效评估"模式壁垒"问题的根源在哪儿？如何解决？中心问题又可分为以下两个方面的分问题：一是针对中国地方政府绩效评估"模式壁垒"问题的形成和根源，中国地方政府绩效评估的"模式壁垒"问题是如何形成的？造成了怎样的后果？根源在哪？二是针对中国地方政府绩效评估"模式壁垒"问题的解决，当前各类评估模式分别具有怎样的有效性及局限性？"模式壁垒"问题如何解决？

本书就理论意义而言，通过指出当前地方政府绩效评估中存在的"模式壁垒"问题，并根据评估主体的不同划分了政府本位与社会本位两类评估模式，强调了价值取向与功能定位在中国地方政府绩效评估中的重要地位和意义，为本领域的相关研究提供了一个新的研究视角，解答了一些关键的理论问题；就现实意义而言，本书着眼于当前中国政府管理中现实问题的解决，通过对两类评估模式的对比分析，提出了实施基于科学性与应用性的模式融合的相关对策建议，这也为中国各地评估实践的进一步深入发展提供了一定的参考。

在研究方法的运用上，本书立足政治学、行政学、管理学等学科的交叉视角，具体设计和使用了定性分析、比较分析、定量分析、案例研究等研究方法，具体体现出以下特点：一是多学科研究方法相结合。中国地方政府绩效评估模式差异的研究，不仅是政治学、行政学的重要课题，而且也是管理学、经济学等学科关注的热点。因此，本书在立足定性分析、比较分析等政治学、行政学的传统研究方法基础上，注重借鉴定量分析、案例研究等其他学科的研究方法，着力克服方法单一化的问题。二是理论研究与实证研究相结合。中国地方政府绩效评估

"模式壁垒"问题形成的根源在于评估实践中价值取向与功能定位的不同,这是本书的核心观点。这一判断的做出,并非单纯来源于笔者的主观推测,而是基于对各地案例和数据的综合研判和分析。为了佐证该核心观点,本书在行文中引用了大量有准确出处的现实案例和官方数据,遵循理论与实证相结合的行文思路,由表及里地分析中国地方政府绩效评估模式差异的形成,力图增强研究的信服力。三是静态分析与动态分析相结合。对中国地方政府绩效评估模式差异的研究,应注重全面地归纳现象和分析问题。"地方政府行为模式不是一成不变的,而是特定约束条件与内在动力机制在它们的演变过程中相互作用的产物……将静态的应然分析同动态的实然分析有机地结合起来。"① 因此,本书不仅要归纳现象和提出问题,而且更注重深入各地政府绩效评估实践的实际运行过程,力图揭示其中隐含的关键问题。

本书的主体思路是通过考察中国地方政府绩效评估差异的历史演进过程,分析当前各地实践中存在的"模式壁垒"问题,指出这一问题形成的根源,进而提出解决"模式壁垒"问题的有效途径,最后进行实证层面的分析和检验,本质上是按"发现问题—分析问题—解决问题"的思路展开的。如图0-1所示。

根据确立的研究思路,本书的框架结构设置为前言、理论篇与实证篇三大部分。

首先,在前言中介绍本书研究的背景与意义,明确研究方法,确定研究思路与框架结构。

其次是理论篇,包括前五章(第一章、第二章、第三章、第四章、第五章),提出和分析中国地方政府绩效评估模式差异的理论问题,指出解决问题的整体路径。

在第一章"相关概念与文献综述"中,明确界定本书研究中涉及的绩效评估、政府绩效评估、政府绩效评估要素、政府绩效评估模式、制度变迁理论、政治锦标赛理论等相关概念,进行国内外文献的综述,为全书的写作奠定基础。

在第二章"中国地方政府绩效评估模式差异的历史考察"中,通过回顾中国地方政府绩效评估差异的历史演进过程,将改革开放以来评估的发展划分为三

---

① 时影. 绩效评估与当代中国地方政府行为 [M]. 南昌:江西人民出版社,2016.

前　言

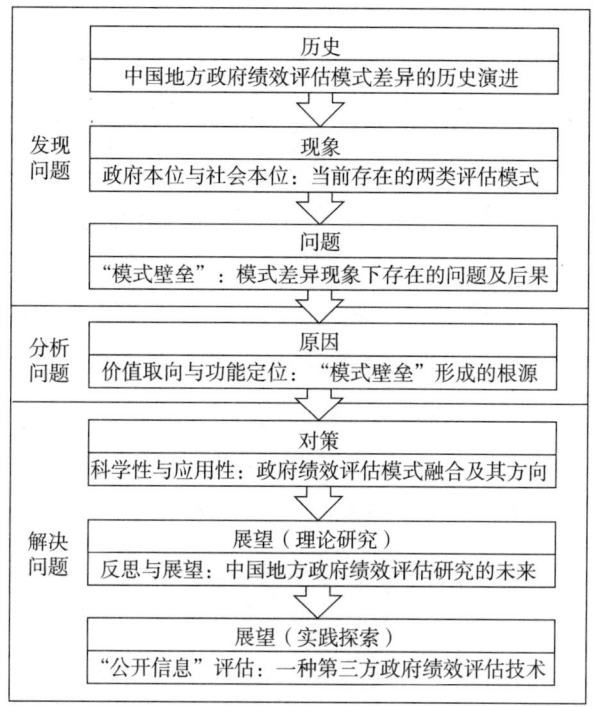

图 0-1　本书研究思路示意图

个阶段，进而阐述并分析了各个阶段中的典型案例，指出该阶段下各地评估实践的主要做法、整体特征与发展趋势，为后续对"模式壁垒"的界定和分析提供了现实依据。在评估差异演进的阶段划分中，以 21 世纪前后和党的十八大召开前后为时间节点：在改革开放之后至 21 世纪之前，评估主要表现为政府主导下单一的内部考核；自 21 世纪以来至党的十八大之前，出现了社会参与下外部评价的新方式、新做法；在党的十八大之后，地方政府绩效评估仍在不断发展完善。

在第三章"模式差异与'模式壁垒'：现象与问题"中，基于对中国地方政府绩效评估差异演进的梳理，根据评估主体的不同划分了政府本位与社会本位两类评估模式，指出模式差异现象下出现的"模式壁垒"问题及其造成的后果，从而凸显了本书研究的意义，引出了本书的中心问题：中国地方政府绩效评估"模式壁垒"问题的根源在哪儿？如何解决？首先，根据评估主体的不同，将各地评估实践中的方式和做法分为政府本位与社会本位两类差异显著的评估模式，前者以目标责任制、效能建设及社会承诺服务制等为典型代表，后者则包括公众评议、委托第三方评估及独立第三方评估等方式。其次，指出模式差异现象下出现的"模式壁垒"问题的三个层面：在制度层面上评估立法进度不一，在机制层面上评估主体选择有别，在技术层面上技术路线各异。最后，指出"模式壁垒"问题所造成的后果：一是阻碍了评估机构自身的规范完善，不利于评估的科学化；二是阻碍了评估机构之间的相互借鉴，不利于评估的标准化；三是阻碍了评估机构外部的监督制约，不利于评估的公开化。

在第四章"价值取向与功能定位：'模式壁垒'问题的根源"中，解答本书中心问题中的第一个分问题，即中国地方政府绩效评估模式壁垒问题形成的根源在于评估实践中价值取向与功能定位的不同，指出在不同的价值取向与功能定位下，两类评估模式在制度、机制及技术等各个层面上分别呈现不同的有效性及局限性，"模式壁垒"因而形成，从而为第五章中对两类评估模式的具体分析奠定基础。首先指出，作为政府绩效评估的灵魂，价值取向与功能定位内含着政府绩效评估的目的，决定了政府绩效评估的结构，影响着政府绩效评估的运行。其次指出，在不同的价值取向下，两类评估模式的功能定位存在明显差异：政府本位评估模式以应用性为优先价值取向，以工作推动为核心功能；社会本位评估模式则以科学性为优先价值取向，以客观评价为核心功能。接下来，具体分析政府本位评估模式和社会本位评估模式的有效性及局限性。政府本位评估模式的有效性在于：行政力量坚实有力确保评估组织高效，流程设计清晰明确确保评估运行可靠，数据采集成本较低确保评估实施顺畅；政府本位评估模式的局限性在于：行政力量过度干预导致评估行为扭曲，评估参与群体单一导致评估结果失准，指标设计问题众多导致评估意义不足。社会本位评估模式的有效性在于：行政力量干预较少确保评估行为独立，外部力量参与评估确保评估结果可信，指标设计科学性强确保评估实施专业；社会本位评估模式的局限性在于：人力资金保障不足导致评估组织低效，独立地位难以保证导致评估结果存疑，数据采集成本较高导致评估实施困难。

在第五章"科学性与应用性：政府绩效评估模式融合及其方向"中，结合两类评估模式的有效性及局限性，指出基于科学性与应用性的模式融合是解决"模式壁垒"问题的有效途径。首先，模式融合具有充分的必要性：有利于加强地方政府绩效评估的科学化，科学、客观、准确地评价地方政府绩效；有利于促进地方政府绩效评估的标准化，推动各级政府间的相互学习和借鉴，有利于推动地方政府绩效评估的公开化，为公众对政府的了解和监督提供有效的渠道。其次，模式融合也具有充分的可行性：中国社会主要矛盾的转化为模式融合提供了时代契机，逐步明确的科学发展理念为模式融合指出了整体方向，中国地方政府职能同构性为模式融合奠定了现实基础。未来，在功能层面，应明确科学性和应用性的双向评估定位；在制度层面，应构建法制化与规范化的统一评估制度；在机制层面，应打造常态化与专业化的多元评估主体；在技术层面，应探索高效率与低成本的有效评估方法。

最后是实证篇，包括后两章（第六章、第七章），分别从理论研究和实务操作的视角切入我国地方政府绩效评估的现实进程，提出有较强可行性的解决方案。

在第六章"反思与展望：中国地方政府绩效评估研究的未来"中，对中国地方政府绩效评估的理论研究进行了反思与展望。一方面，通过分析2004~2016年由国家社会科学基金资助的政府绩效类论文，发现本领域存在成果数量增长较慢、研究热度较低，成果质量参差不齐、研究水平不一，成果类型缺乏突破、研究偏好集聚等诸多问题。原因分别在于研究主体对本领域关注度不足、研究连续性不佳以及研究实力两极分化等。对此，政府应完善基金资助制度和科研人员流动管理制度，加强对学术机构的支持力度，探索人才和项目的交流与合作机制；学术机构应改善科研管理工作，加强人才队伍建设；学者自身应改进研究类型，提升学术素养。另一方面，通过梳理2012年党的十八大以来我国政府绩效评估指标研究的相关文献发现：本领域研究视角整体较为单一，过于偏重从政府对外职能角度来评估政府的绩效；部分研究成果缺乏足够的说服力，指标内容和权重以及指标设计流程本身都有待商榷和实践的验证。这与本领域部分学者在学术心态上的急躁和专业素质上的薄弱有密切关系。未来，学者们应端正学术心态，增强专业素质，紧密结合理论攻关与现实需要，着力突破传统研究视角，探索增强研究成果的科学性和说服力，持续推动本领域研究深入发展。

在第七章"'公开信息'评估：一种第三方政府绩效评估技术"中，以一种新兴的第三方政府绩效评估技术——"公开信息"评估为例，对中国地方政府绩效评估的实践探索进行了展望。该项评估技术显示了学术机构在专业化评估方面的优势。基于该项技术，本书对不同时段两个地区的地方政府绩效进行了整体、分省、分职能领域的全方位评估，以此为政府绩效评估实践和进一步深入提供参考。

目 录

理论篇

第一章 相关概念与文献综述 ·················· 003

  第一节 相关概念 ·················· 003

    一、绩效评估 ·················· 004

    二、政府绩效评估 ·················· 005

    三、政府绩效评估要素 ·················· 006

    四、政府绩效评估模式 ·················· 008

    五、制度变迁理论 ·················· 011

  第二节 文献综述 ·················· 014

    一、关于中国地方政府绩效评估模式差异的研究 ·················· 014

    二、关于地方政府绩效评估的价值取向与功能定位的研究 ·················· 016

    三、关于中国地方政府绩效评估模式有效性与发展方向的研究 ·················· 018

第二章 中国地方政府绩效评估模式差异的历史考察 ·················· 023

  第一节 改革开放之后至21世纪之前：政府主导下单一的内部考核 ·················· 023

  第二节 21世纪以来至党的十八大之前：社会参与下外部评价的出现 ·················· 026

  第三节 党的十八大以来：不断发展中的地方政府绩效评估 ·················· 028

第三章　模式差异与"模式壁垒"：现象与问题 ·············· 034

第一节　政府本位与社会本位：模式差异现象下的两类评估模式 ·············· 035
一、政府本位评估模式：目标责任制与效能优先 ·············· 036
二、社会本位评估模式：公众评议与第三方评估 ·············· 038

第二节　制度、机制与技术："模式壁垒"问题的三个层面 ·············· 040
一、制度层面：地方政府绩效评估立法进度不一 ·············· 040
二、机制层面：地方政府绩效评估主体选择有别 ·············· 042
三、技术层面：地方政府绩效评估技术路线各异 ·············· 044

第三节　科学化、标准化与公开化困境："模式壁垒"问题的多重后果 ·············· 046
一、阻碍评估机构自身的规范完善，不利于评估的科学化 ·············· 046
二、阻碍评估机构之间的相互借鉴，不利于评估的标准化 ·············· 048
三、阻碍评估机构外部的监督制约，不利于评估的公开化 ·············· 049

第四章　价值取向与功能定位："模式壁垒"问题的根源 ·············· 051

第一节　政府绩效评估的灵魂：价值取向与功能定位 ·············· 052
第二节　工作推动与客观评价：功能定位差异下"模式壁垒"的形成 ·············· 053
一、政府本位评估模式：以工作推动为核心功能 ·············· 054
二、社会本位评估模式：以客观评价为核心功能 ·············· 054
第三节　两类评估模式的有效性及其局限性 ·············· 055
一、政府本位评估模式的有效性及其局限性 ·············· 056

二、社会本位评估模式的有效性及其局限性 ………………… 059

第五章 科学性与应用性：政府绩效评估模式融合及其方向 ………………………………………………………… 063

第一节 中国地方政府绩效评估模式融合的必要性 ………… 064
一、模式融合的实施有利于加强地方政府绩效评估的科学化 ……………………………………………………… 064
二、模式融合的实施有利于促进地方政府绩效评估的标准化 ……………………………………………………… 064
三、模式融合的实施有利于推动地方政府绩效评估的公开化 ……………………………………………………… 065

第二节 中国地方政府绩效评估模式融合的可行性 ………… 065
一、中国社会主要矛盾的转化为模式融合提供了时代契机 ………………………………………………………… 066
二、逐步明确的科学发展理念为模式融合明确了发展方向 ………………………………………………………… 066
三、中国地方政府职能同构性为模式融合奠定了现实基础 ………………………………………………………… 067

第三节 中国地方政府绩效评估模式融合的应然走向 ……… 068
一、功能层面：明确科学性和应用性的双向评估定位 ……………………………………………………………… 069
二、制度层面：构建法制化与规范化的统一评估制度 ……………………………………………………………… 070
三、机制层面：打造常态化与专业化的多元评估主体 ……………………………………………………………… 070
四、技术层面：探索高效率与低成本的有效评估方法 ……………………………………………………………… 071

实证篇

第六章 反思与展望：中国地方政府绩效评估研究的未来 … 075

第一节 中国政府绩效评估整体研究的现状与展望 … 075
一、中国政府绩效评估研究成果的特征 … 076
二、中国政府绩效评估研究主体的特征 … 080
三、中国政府绩效评估研究的改进路径 … 082

第二节 中国政府绩效评估指标研究的轨迹 … 084
一、政府对外职能管理领域的绩效评估指标体系构建 … 085
二、其他方面的研究 … 089

第七章 "公开信息"评估：一种第三方政府绩效评估技术 … 095

第一节 绩效评估的基本技术路线 … 095
一、政府绩效结构的构建 … 096
二、绩效评估对象选取和数据库构建 … 097

第二节 实践案例一：新常态下中部崛起的绩效检验 … 098
一、经济新常态下"中部崛起"新态势 … 099
二、地市级政府综合绩效的特点 … 103
三、各省地市级政府绩效的特点 … 106
四、地市级政府分职能领域绩效的特点 … 111
五、研究性发现 … 123

第三节 实践案例二：创新引领东部地区率先发展的评估与思考 … 130
一、创新活力持续释放的东部地区 … 131
二、地市级政府综合绩效的特点 … 134
三、各省地市级政府绩效的特点 … 137

四、地市级政府分职能领域绩效的特点 …………………… 141

五、研究性发现与政策建议 ………………………………… 153

结　语 ………………………………………………………… 158

参考文献 ……………………………………………………… 160

后　记 ………………………………………………………… 175

理 论 篇

第一章 相关概念与文献综述

在推进国家治理体系和治理能力现代化战略目标的时代背景下，为了贯彻落实科学发展观，树立科学的政绩观，适应当前我国政治经济的新环境与社会主要矛盾的变化，加强政府绩效评估的相关研究具有重要意义。本章旨在厘清政府绩效评估的基本概念，梳理过往研究的进展及存在的问题，为后续的深入讨论奠定基础。

第一节 相关概念

政府绩效评估是一个跨越政治学、行政学、管理学等多学科的交叉领域，存在着大量的概念、理论和复杂的逻辑结构。因此，对政府绩效评估的概念和内涵进行明确的界定，有利于我们准确把握政府绩效评估的理论范畴和行为规律，从而进一步探索我国地方政府绩效评估的良性发展。[①] 本书以中国地方政府绩效评估模式的差异作为主要研究对象，就内涵而言，评估模式是评估概念的延伸，同时又与评估要素存在着不可分割的密切联系。因此，后续从绩效评估和地方政府绩效评估的概念出发，对其自身及延伸出的评估要素与评估模式等相关概念进行了辨析，以此作为研究的基础。另外，作为一个长期积累的过程，社会科学研究需要以自身及相关学科的理论作为研究的基础，本书写作中重点吸取和借鉴了政治锦标赛理论、制度变迁理论等理论的内容，本节对这些理论的内涵及分析路径一并进行简要介绍。

---

① 负杰.中国地方政府绩效评估报告 No.1 [M].北京：社会科学文献出版社，2017.

一、绩效评估

对绩效评估概念的梳理，是研究地方政府绩效评估的基础。绩效评估是当前行政管理学科的热门领域，其概念的出现并非凭空臆想，而是理论与实践相结合的产物。20世纪下半叶以来，绩效作为管理学的一个新鲜词汇开始频频出现在公众视野之中，并随着理论探索的深入和实践需求的增长逐步展开，时至今日已发展出企业绩效管理、绩效审计等众多领域，政府绩效评估即是绩效评估的子领域之一。

首先是绩效的概念。绩效是一个多维的概念，事实上，由于评估的主体、对象、角度等方面存在多样性，国内外学者对绩效的概念及内涵也有着大量不同视角的阐释，主要观点包括结果论、行为论、结果—行为论、综合论、动态论等。其中，发端于泰勒的科学管理等西方早期管理学理论的结果论出现得最早，认为绩效就是完成所分配的生产任务，是一种特定时间内的特定工作下所形成的显性与隐性的成绩、产出或结果；部分学者持行为论观点，认为绩效是员工在工作中表现出来的、与组织目标关联的、可以观测的硬性与价值行为；[①] 有学者持结果—行为论观点，认为绩效表现在表面和潜在两个层面，是一种工作的行为与结果相结合的产物；[②] 也有学者综合考虑了结果论和行为论等观点的优点和不足，提出了一种综合论的观点，认为绩效与员工的特征、行为等要素都存在密切联系；[③] 还有学者从权变论的视角出发，根据工作程序化程度的不同与工作结果的具体程度、受外界影响程度的不同，提出了一种"两维四象限"的解释，分析了结果和行为两种绩效内涵的适应条件。[④]

[①] Campbell J P, McCloy R A, Oppler S H, et al. A theory of performance [C]//N Schmitt, Borman W C. Personnel Selection in Organizations, San Francisco: Jossey-Bass Publisher, 1993；周智红，王二平. 作业绩效和关系绩效 [J]. 心理科学进展, 2000 (1): 54-57；孙健敏，焦长泉. 对管理者工作绩效结构的探索性研究 [J]. 人类工效学, 2002 (3): 1-10.

[②] 杨杰，方俐洛，凌文铨. 关于绩效评价若干基本问题的思考 [J]. 自然辩证法通讯, 2001, 23 (2): 40-51.

[③] 许为民，李稳博. 从经典学术论文的视角分析绩效内涵研究 [J]. 东华大学学报（社会科学版）, 2009, 9 (4): 332-336.

[④] 张光进，邵东杰. 绩效内涵新解与考评方法选择 [J]. 商业研究, 2013 (3): 65-69.

其次是绩效评估的概念。一般认为，绩效评估缘起于19世纪初西方科学管理研究者对效率评价的相关探索。当前，国内外对绩效评估的概念还缺乏统一的界定，管理学、政治学等学科的学者从不同的研究视角出发，提出了对绩效评估概念的不同观点。多数学者持过程论的观点，认为绩效评估是一种"评价的过程"，如将绩效评估界定为对特定时期内员工对组织做出的贡献进行评价的过程，并指出这种过程可通过数值进行系统的表现；[①] 也有学者将绩效评估界定为一种针对组织成员的特征、资格、习惯和态度确定其能力、状态及适应性的有组织的且客观的评价过程[②]，或者一种评价组织成员业绩、能力及态度等的过程[③]。还有学者则持制度论的观点，认为绩效评估是一种考评成员及组织业绩的定期制度。[④] 有学者结合了上述观点与程序说、制度说等其他观点，指出绩效评估是指对项目、规划或政策的设计、实施过程及结果所进行的系统且客观的评价。[⑤]

二、政府绩效评估

对政府绩效评估概念的梳理，是研究地方政府绩效评估模式和要素的基础。从历史演进的视角出发可以看到，作为绩效评估的延伸，政府绩效评估的概念是按绩效—绩效评估—政府绩效评估的次序一步步发展形成的，各阶段环环相扣，逐步深入。自雷德等在《市政工作衡量——行政管理评估标准的调查》一文中引入政府绩效评估之后，国内外学界相继提出了多种政府绩效评估的概念，但也未达成一定的共识。同绩效评估的概念类似，多数学者持过程论观点，倾向于把政府绩效评估界定为一种通过指标设计和资料收集来分析政府绩效的过程，如政府绩效评估是根据统一的评估指标和标准，按照一定程序，通过定量或定性对比分析，对政府在一定时期内的绩效做出客观、公正和准确的综合判断的过程。[⑥] 也有学者持不同观点，如政府绩效评估是一个用于评价政府的活动和努力的术

[①] 张一驰. 人力资源管理教程 [M]. 北京：北京大学出版社，1999.
[②] 李军鹏. 公共服务型政府 [M]. 北京：北京大学出版社，2004.
[③] 吴国存. 企业职业管理与雇员发展 [M]. 北京：经济管理出版社，1996.
[④] 韦恩·蒙迪，罗伯特·M. 诺埃. 人力资源管理 [M]. 葛新权译. 北京：经济科学出版社，1998.
[⑤] 吴江. 基于价值管理的政府绩效评估体系研究 [D]. 吉林大学博士学位论文，2007.
[⑥] 范柏乃，段忠贤. 政府绩效评估 [M]. 北京：中国人民大学出版社，2012.

语,或一种方便公共决策者获取相关信息的方法,或一类由政府决定的以某种成本提供某种产品的方式①;还有学者认为绩效评估在于衡量政府的产出所能满足社会需要的程度。② 部分学者认为,政府绩效评估是根据一定的判断,对政府的投入、产出及成果中所反映出的绩效进行评定与分级,并改善和提高政府绩效的活动。③

有学者根据对绩效、绩效评估、政府绩效评估等相关概念的把握,界定了政府绩效评估的一般性内涵:政府绩效评估是评估主体在一定的评估制度下,根据统一的评估指标和标准,基于政府绩效结构形成的基本技术路线和评估方法,通过定量或定性对比分析,对政府评估对象特定时期的职能运行和工作实绩,做出客观、公正和准确衡量与评测的过程。另外,在当前研究中,由于存在部门考核、领导干部政绩考评等诸多政府绩效评估的相近概念,所以应特别注意概念的区别。根据评估对象的不同,政府绩效评估在实践领域主要包括相对独立但又相互联系的三个层面:政府组织绩效评估(又包括政府综合性整体绩效和政府部门绩效评估)、政府人员绩效评估(又包括领导干部政绩考评与一般公务员绩效评估)和公共政策绩效评估等④。其中,由于政府组织绩效评估是当前政府绩效评估的重点领域,能够在宏观上直接反映出政府管理的效果,所以本书所涉及的政府绩效评估,仅指狭义范畴的政府绩效评估,即政府组织绩效评估。

三、政府绩效评估要素

"要素"一词一般是指影响系统产生、变化、发展的系统单元。关于政府绩效评估要素,目前国内外学者尚无统一的定义。在国外研究中,有研究成果指出

---

① Eleanor C. Evaluating Public Programs [C]//James L. Perry. Handbook of Public Dministration, San Francisco: CA: Jossey-Bass, 1989.
② 胡宁生. 中国政府形象战略 [M]. 北京:中共中央党校出版社,1998.
③ 蔡立辉. 西方国家政府绩效评估的理念及其启示 [J]. 清华大学学报(哲学社会科学版),2013,18(1):76-84;吴江. 基于价值管理的政府绩效评估体系研究 [D]. 吉林大学博士学位论文,2007.
④ 负杰. 中国地方政府绩效评估:研究与应用 [J]. 政治学研究,2015(6):76-86.

第一章 相关概念与文献综述

了绩效评估所涉及的战略、措施、目标、结果、分类、监督和评价等问题[①], 提出了政府绩效评估的五因素模型（涵盖使命陈述、战略与计划、具体行动方案、绩效认知、管理信息系统五个方面）[②], 关注了影响绩效生成的情境因素（如组织内部的复杂性、组织文化和价值以及组织外部的社会政治经济环境等）[③]。在国内研究中，学者们提出了诸多分类原则和方法。如政府绩效评估体系的构建应包括评估依据和评估系统两个方面，其中基于评估价值和评估指向的评估依据是体系构建的灵魂，评估系统则是体系构建的主体；[④] 政府绩效评估涵盖评估、结果运用和支持保障三个子系统，其中评估子系统包括评估原因、评估主体及评估客体等要素，支持保障子系统包括评估推动、信息采集及制度安排等要素；[⑤] 政府绩效评估的基本要素包括评估原因、评估客体、评估主体及评估方式，以上要素应根据实际情况加以整合以形成完整的评估体系；[⑥] 政府绩效评估体系应包括五方面：作为核心的价值体系、关键的指标体系、具体实施的组织体系、支持保障的技术支撑体系及外在约束的制度环境体系；[⑦] 政府绩效评价体系包括核心体系、主体体系、内容体系、方法体系、结果运用体系、机制体系六个方面[⑧]。还

[①] 中国行政管理学会课题组, 龚禄根, 包国宪等. 政府部门绩效评估研究报告 [J]. 中国行政管理, 2006 (5): 11-16.

[②] Mwita J I. Performance Management Model: A Systems-Based Approach to Public Service Quality [J]. The International Journal of Public Sector Management, 2000, 13 (1): 19-37.

[③] Sanderson I. Perfonnance Management, Evaluation and Learning in Modern Local Government [J]. Public Administration, 2001, 79 (2): 297-313; Heinrich C. Outcomes-Based Performance Management in the Public Sector: Implications for Government Accountability and Effectiveness [J]. Public Administration Review, 2010, 62 (6): 712-725.

[④] 臧乃康. 和谐社会建设过程中政府绩效评估体系与制度安排 [J]. 政治与法律, 2008 (12): 38-45.

[⑤] 彭国甫. 构建地方政府绩效评估体系的四个基本问题 [J]. 湘潭大学学报（哲学社会科学版）, 2007, 31 (4): 73-81.

[⑥] 刘旭涛. 关于政府绩效评估体系的四个基本问题 [J]. 新视野, 2005 (6): 43-45.

[⑦] 包国宪, 罗纳德·塔门, 小林麻理. 从绩效管理到绩效领导的公共部门创新理论与实践 [M]. 北京: 科学出版社, 2011.

[⑧] 宋斌, 鲍静. 科学发展观的地方政府绩效评估理念和体系探析 [J]. 甘肃行政学院学报, 2007 (1): 22-26.

有较多学者也对此进行了研究。①

结合上述研究,本书认为,政府绩效评估要素是指影响地方政府绩效评估的关键因素。根据对评估的不同影响程度,政府绩效评估要素可以分为内在的功能要素和外在的结构要素两类。首先,价值取向与功能定位构成了地方政府绩效评估的功能要素。作为观念维度的概念,价值取向与功能定位代表着评估机构及其人员对政府管理与绩效评估目的的本质取向与定位,是政府绩效评估的核心与灵魂。其次,制度安排、机制设计及技术运用构成了地方政府绩效评估的外在结构和内容,属于其结构要素。作为行为维度的概念,制度安排、机制设计及技术运用是价值取向与功能定位下政府绩效评估的外在形式,体现了评估的结构特征。其中,制度指的是以一定目标为导向的权力和责任的配置,在制度安排层面,政府绩效评估的问题主要集中在评估的法制化和规范化方面。机制指的是流程和流程之间的关系,是一个过程角度的概念,就政府绩效评估来说就是确定谁来评估、怎么评估的全部流程。在机制设计层面,政府绩效评估包括结构上评估主体间的关系与组织机构的设置和职能分配以及运行中的评估原则、程序、方式方法的规定,主要涉及评估主体的选择、结果运用的设置等问题。技术则是实施方法与手段的总和,在技术层面,地方政府绩效评估主要涉及政府绩效结构、评估指标体系、评估方法和评估数据采集等具体内容。

四、政府绩效评估模式

"模式"一词一般是指主体行为的标准化方式。关于政府绩效评估模式,当前有影响力的理论框架主要源于国外的平衡计分卡和欧盟通用评估框架等成熟体系。平衡计分卡框架是一种超越财务维度评估的绩效评估模式,涵盖财务、顾

---

① 何文盛,廖玲玲,李明合.我国地方政府绩效评估结果偏差的分类研究:概念、类型与生成机制[J].福建论坛(人文社会科学版),2012(10):165-171;谢凤华,彭国甫.基于战略能力的政府绩效评估体系构建研究[J].科技管理研究,2006,26(12):184-186;欧阳ును,吴江.构建科学的重庆基层政府绩效评估体系[J].西南大学学报(社会科学版),2009,35(1):97.

第一章 相关概念与文献综述

客、内部运营及学习与成长四个维度;① 欧盟通用评估框架聚焦于公共部门的使命和职能,将过程和结果作为两大维度,设计了九个主要指标;② 除此之外,国外还有针对利益相关者间的相互影响与作用构建的"多维绩效模型"③,以及基于标杆管理理论构建的包括资源、过程、产出、成果等要素在内的公共项目评估模型④等相关研究成果。国内方面,参照欧盟通用评估框架设计的中国通用绩效评估框架的知名度较高,包括领导力、人力资源管理、战略与规划、伙伴关系与资源、流程与变革管理在内的"促进"要素和包括员工结果、顾客/公民结果、社会结果和关键绩效结果在内的"结果"要素⑤。类似国内研究成果主要在国外同类型成果的基础上形成,而国内外政权结构与政府职能存在显著差异,因此类似研究成果在实践中并未得到广泛应用。学界的讨论也较多,如有学者界定了类指标、评估维度、评估指标、指标要素及技术指标等相关概念⑥。

就政府绩效评估模式的有效性而言,当前此类研究成果较少,有学者认为,政府绩效评估有效性是指政府绩效评估主体在实践过程中充分运用各种方法和途径作用于政府绩效评估客体,从而对政府绩效评估客体和社会发展产生的积极作用和影响,包括执行过程有效性和发挥功能有效性两个方面,其影响因素包括嵌入式改革的兼容困境、诱致性与强制性改革的动力差异以及工具理性与价值理性的割裂,未来应以价值取向、价值重塑、功能审视等要素作为提高政府绩效评估有效性的起点,从战略、多元评估主体机制、法制建设、配套机制等多个层面构

---

① 罗伯特·S.卡普兰,大卫·P.诺顿.战略中心型组织[M].周大勇,王建军,刘海等译.北京:人民邮电出版社,2004.
② 国家行政学院政府绩效评估中心.欧洲通用评估框架及其在中国的试点应用[M].北京:国家行政学院出版社,2008.
③ Brignall S. An Institutional Perspective on Performance Measurement and Management in the New Public Sector [J]. Management Accounting Research, 2000, 11 (3): 281-306.
④ 西奥多·H.彼伊斯特.公共与非营利组织绩效考评:方法与应用[M].肖鸣政译.北京:中国人民大学出版社,2005.
⑤ 国家行政学院政府绩效评估中心.欧洲通用评估框架及其在中国的试点应用[M].北京:国家行政学院出版社,2008.
⑥ 卓越.政府绩效评估的模式建构[J].政治学研究,2005(2):88-95.

建新型政府绩效评估模式。① 也有学者指出，政府绩效评估有效性包括评估结果的准确性、评估结果反馈的有效性以及民众对评估的热情和信心，且易受价值取向、制度安排和评估方法的影响；② 从制度和利益两个层面上分析了绩效评估失效和低效的根本原因；③ 界定了战略一致性、效度、信度、可接受性、明确性等绩效评估有效性的衡量标准；④ 将绩效评估制度有效性划分为制度制定过程有效性和制度实施过程有效性，进而构建了包括考核原则、内容、指标、程序、组织管理、结果处理六个维度在内的分析框架。⑤

结合各类表述本书认为，地方政府绩效评估模式指的是各地在政府绩效评估实践中的一系列观念、做法及效果的总称。基于社会行为中"观念—行为—效果"的逻辑关系可以看到：在明确的价值取向与功能定位下，如何通过确立完善的评估制度和合理的职能配置以规范地指导评估的组织与实施，如何通过合理的运转机制与流程设计保证评估的流畅运行，如何通过有效的技术手段与方法促使评估高效地运转与准确地给出结果，构成了地方政府绩效评估模式的主要内容。

本书认为，在不同的观念之下，评估呈现做法及效果的不同。换言之，基于一定的价值取向对政府绩效评估功能定位的不同，各地评估实践之间存在着"模式差异"的现象并形成了"模式壁垒"的问题。因此，当前地方政府绩效评估模式差异研究中的关键问题在于分析"模式壁垒"问题的根本原因并提出有效的解决途径，具体而言就是通过对评估的各个要素特别是价值取向与功能定位的研究，对当前主流模式进行合理的分类，分析各类评估模式的有效性及局限性，实现对评估模式的"再评估"，探究当前评估实践中存在的深层次问题，进而进一步明确政府绩效评估的发展方向。

---

① 谢志贤. 政府绩效评估有效性问题研究——以吉林省政府绩效评估为个案 [D]. 吉林大学博士学位论文，2010.
② 钟海. 政府绩效评估之有效性研究 [D]. 南昌大学硕士学位论文，2007.
③ 王蕾. 企业员工绩效评估有效性的研究 [D]. 南京师范大学硕士学位论文，2004.
④ 郭睦庚，储冬红. 绩效评估体系的有效性探讨 [J]. 长江大学学报（社会科学版），2003（3）：60-62.
⑤ 王远，尚静. 大学教师绩效评估制度的有效性分析 [J]. 河北大学学报（哲学社会科学版），2004（3）：52-54.

五、制度变迁理论

制度变迁理论的演进与社会科学——尤其是经济学的发展密切相关。但在19世纪末之前，制度、组织等作为外部变量一直未被纳入传统经济学的分析框架之中。19世纪末，现实世界的经济、社会、政治发展日益复杂，理性人的"非理性"问题所造成的经济、社会、政治困境逐渐显现，这要求学界对此做出更有说服力的解释。因此，凡勃伦等西方学者开始突破传统经济学的理论藩篱，对制度、组织等因素给予更多的关注，强调制度的动态和变迁，创立制度经济学。作为制度经济学的重要内容之一，制度变迁理论即由此萌芽。参考学界的各类观点，制度变迁理论的演进整体可以分为两个阶段：第一个阶段（19世纪末至20世纪40年代末）是制度变迁理论的发展期，部分学者开创性地运用"累积因果论"对制度变迁进行了分析，也有学者对企业中制度与技术之间的关系进行了探讨；第二个阶段（20世纪50年代初至今）是制度变迁理论的成熟期，学者们倾向于强调个人理性，注重分析成本收益的变化。[①]

诺斯作为制度变迁理论的集大成者，立足于传统理论的分析框架，指出了新古典经济学、国际贸易理论以及计量史学等传统理论在分析现实问题时所存在的明显不足，进而通过对产权、国家、意识形态和路径依赖等内容的阐释，给出了一种用于分析制度变迁的基本框架，重新整合了理性选择与制度约束，强调了制度在社会经济发展中的关键作用，大大提升了制度变迁理论的影响力。

首先是界定了制度和制度变迁的相关内涵。作为社会的"基本博弈规则"，一种"人为设计的、形塑人们互动关系的约束"，制度的"比较和选择"（变迁）对历史演化具有决定性的影响。就构成而言，制度包括成文法、普通法、契约等"规则"，习俗惯例、行为规范等"非正式约束"（"文化约束"）以及"实施的形式与有效性"三个层面，构建了政治、社会、经济等领域中的"交换的激励"，而制度变迁在边际上可能正是制度在以上三个层面变迁的结果。作为一种

---

① 蒋雅文. 论制度变迁理论的变迁[J]. 经济评论，2003（4）：73-79.

替代、转换和交易的过程，制度变迁以存在现实需求的理性人的集合体为行为主体，源于一定政治、社会、经济、文化等外部环境下的组织基于自身利益对变迁成本和收益的比较，只有在确认收益将大于成本的前提之下，组织才会决定推动制度变迁。[①] 根据推动制度变迁的关键行为主体（"第一行动集团"）及其行为特征的不同，制度变迁可分为强制型制度变迁和诱致型制度变迁两种类型，其中，前者由政府通过带有强制性的法律法规和行政命令所推动，后者则由寻求新制度获利机会的个人或群体通过自发性的倡议和组织所推动。[②] 由于地方政府具有独立的利益和一定的资源配置权，因此有学者认为还存在着一种以地方政府为关键行为主体的中间扩散型制度变迁，并指出这是一种介于中央政府主导的强制型制度变迁和社会主导的诱致型制度变迁之间的过渡类型。[③]

其次是分析了制度变迁的三个影响因素：产权、国家及意识形态。第一，产权结构的合理性直接关系到经济组织的效率，决定了制度变迁的方式，是制度变迁的重要因素。科斯在其产权理论中认为，在"充满稀缺和竞争"的不确定性世界里，成本最低的产权形式能够最有效率地解决问题，因此应明确界定产权以降低交易成本。诺斯将这一观点与制度变迁结合起来，解释了组织形式变化和交易费用降低之间的内在联系，指出应通过调整创新产权结构，降低市场的不确定性，同时加强对商标、专利等"排他性权利"的保护，推动技术变革，从而构建起一个更有效率、更具激励的市场环境，提高组织的效率。第二，从宏观上来看，由于产权结构为国家所决定，因此诺斯基于产权理论提出了一种国家理论，认为国家意志也是影响制度变迁的重要因素。作为以提供制度供给为基本服务的组织，国家以追求产权结构尽量合理的"租金最大化"和交易费用尽量低的"税收最大化"作为制度变迁的目标。在制度变迁的选择中，国家的"暴力潜能"在公民之间分配的平等与否决定了其制度变迁类型的不同，不平等则偏向于自内而外型制度变迁，平等则偏向于自外而内型制度变迁。进而，诺斯通过

---

① 道格拉斯·C. 诺斯. 制度、制度变迁与经济绩效 [M]. 杭行译. 上海：格致出版社，2014.
② 林毅夫. 关于制度变迁的经济学理论：诱致性变迁与强制性变迁 [M]. 上海：三联书店，1996.
③ 杨瑞龙. 我国制度变迁方式转换的三阶段论——兼论地方政府的制度创新行为 [J]. 经济研究，1998（1）：5–12.

对历史的考察发现，国家在"租金最大化"和"税收最大化"两大目标之间的内在矛盾造成了国家的兴衰。第三，作为道德和伦理法则等世界观的集合体，一种旨在"降低交易成本的制度安排"，意识形态也是市场运行与制度变迁的影响因素之一。诺斯通过对传统经济学理论中理性人假设的偏差进行反思，指出强有力的意识形态能够很好地弥补产权理论的不足，加强经济社会的稳定性。例如，在"搭便车"与规则确立等问题上，当界定产权和遵从规则的成本高于收益时，组织通过借助意识形态的约束能力，运用宣传教育与奖惩等手段，往往能够使公众放弃一部分个人利益而遵从规则，进而大幅度降低市场运行与制度变迁的成本。诺斯在学术生涯晚期进一步强调，观念是制度变迁的最终源泉和动力。[①]

另外诺斯还认为，制度变迁在很大程度上与路径依赖有关。他将路径依赖理论推广到制度变迁领域，认为由于不完全市场和报酬递增的存在，使制度变迁容易进入一种历史的路径，且通过自我增强机制不断对自身进行优化或恶化。诺斯进一步指出了路径依赖对制度变迁的影响，认为如果路径选择正确，制度变迁将会大大加快经济增长和市场发展的速度，进而推动制度的下一步变迁，从而形成良性的互动；如果路径选择存在问题，制度变迁则将引发经济衰退和市场混乱，甚至使制度进入难以扭转的"锁定"状态。[②]

通过对制度变迁理论相关内容的梳理可以看到，在不同的历史阶段，推动制度变迁的关键行为主体及其行为特征各不相同，其变迁类型也由此分化为强制型制度变迁和诱致型制度变迁两种。基于这种类型的分化来分析中国地方政府绩效评估差异的历史脉络，具有一定的合理性与可行性。

另外，在本书的写作中，笔者还吸取了政府职能理论、委托—代理理论、结构功能理论和利益集团理论等理论的相关内容。限于文章的篇幅，在此不再一一阐述。

---

① 韦森. 再评诺斯的制度变迁理论 [J]. 经济学（季刊），2009（1）：743-768.
② 马广奇. 制度变迁理论：评述与启示 [J]. 生产力研究，2005（7）：225-227.

第二节 文献综述

通过文献梳理可以发现，近年来在本领域的研究中，大部分学者倾向于进行政府绩效评估的理论阐述，特别是在政府绩效评估的意义、国外政府绩效评估相关制度和技术方法引入，以及政府绩效评估指标的设计方面，研究成果较多；[①] 但是也应看到，当前无论是在理论层面还是应用层面，我国政府绩效评估研究依旧薄弱，特别是在政府绩效评估模式有效性及未来发展方向方面，研究深度还有待进一步提升。因此，应基于对中国地方政府绩效评估差异的归纳，分析比较各类做法和模式的有效性，并指出模式发展的应然方向，这也是本书研究的主要目的。本节首先回顾了中国政府绩效评估研究与中国政府绩效评估指标研究的现状，以此作为问题切入的基础。之后，针对本书中心问题下的两个分问题，即中国地方政府绩效评估"模式壁垒"问题的根源在哪儿？如何解决？依据研究思路中"现象—问题—原因—对策"的逻辑关系，本节依次梳理了中国地方政府绩效评估模式差异、地方政府绩效评估价值取向与功能定位、地方政府绩效评估模式有效性与发展方向三个方面的相关研究。

一、关于中国地方政府绩效评估模式差异的研究

中国地方政府绩效评估模式差异是本书研究的起点，因此在写作中应首先明确评估差异形成的历史、现状及特征，以此作为下一步问题分析的基础。

在相关文献中，有的研究根据评估对象的不同划分了普适性的机关绩效评估、具体行业的组织绩效评估和专项绩效评估三种模式[②]；有学者以甘肃、青

[①] 负杰.中国地方政府绩效评估：研究与应用 [J].政治学研究，2015（6）：76-86.
[②] 中国行政管理学会课题组，龚禄根，包国宪等.政府部门绩效评估研究报告 [J].中国行政管理，2006（5）：11-16.

岛、南通等各地案例为基础引申发展出某种模式，进而提出了一般性的结论；① 有学者界定了以福建省为代表的"作为系统工程的绩效管理"和以青岛市为代表的"作为动态过程的绩效管理"两类模式；② 有学者针对评估主体的不同，认为政府绩效评估应分为政府本位评估与社会本位评估两类；③ 有学者依据服务质量、行政效率、科学方法等不同理论对中国各地实践进行了模式上的归类；④ 有学者参考了萨拉蒙对于政府与民间组织关系的分析框架，划分了科层评估、参与评估、合作评估、共同治理评估、独立评估五种评估模式，并对中国各地24个案例进行了比较研究；⑤ 还有学者将评估模式分为感知型、官僚效率型、决策型、参与型、社会效率型和监督型六种⑥，或者主观型和客观型两种⑦。

就本类研究而言，学者们主要以实践案例和模式分类为切入点，梳理归纳了中国地方政府绩效评估差异的发展脉络和总体现状。其中，在早期的研究中，大部分学者根据各地实践中典型案例特征的不同进行了模式的分类；在后期的研究中，通过长期的积累，学者们往往先结合相关理论对评估模式进行界定和分类，再根据各地实践情况进行分类。应当看到，就前一类研究而言，在政府绩效评估研究的起步阶段，紧密围绕各地实践中表现突出的典型案例进行评估模式的划分和命名，具有一定的灵活性与合理性，便于政府绩效评估典型案例的宣传和推广，有利于推动评估实践的快速发展和普及，但这种分类方法未能明确模式之间的根本区别，不利于对本领域相关问题的深入分析；就后一类研究而言，在政府绩效评估研究的发展阶段，在成熟理论的指导下，深入探索政府绩效评估模式的内涵和类型，从宏观层面对各地实践进行有针对性的归类，进而形成对实践的有

---

① 包国宪，曹西安. 我国地方政府绩效评价的回顾与模式分析［J］. 兰州大学学报（社会科学版），2007, 35（1）34-39；臧乃康. 地方政府绩效评估的"南通模式"：效应、瓶颈及努力方向［J］. 北京行政学院学报，2008（6）：13-17.
② 周志忍. 效能建设：绩效管理的福建模式及其启示［J］. 中国行政管理，2008（11）：44-49.
③ 贠杰. 中国地方政府绩效评估报告 No.1［M］. 北京：社会科学文献出版社，2017.
④ 方振邦. 政府绩效管理［M］. 北京：中国人民大学出版社，2012.
⑤ 董静. 政府绩效评估理论研究与模式分析［D］. 兰州大学博士学位论文，2012.
⑥ 郎玫，包国宪. 博弈视角下政府绩效评价模型选择的理论优化［J］. 西北师范大学学报（社会科学版），2012（3）：121-126.
⑦ 付景涛. 主观型政府绩效评估结果的控制方式研究——以珠海市"万人评议政府"为个案［J］. 武汉理工大学学报（社会科学版），2011（6）：825-830.

效指导，在很大程度上提升了政府绩效评估研究的深度，有利于实践和研究的全面、持续和健康地发展，代表了中国地方政府绩效评估差异研究的发展趋势。因此，本书在写作中主要参考了后一类研究中学者负杰的主要观点，基于不同的评估主体，将地方政府绩效评估模式分为政府本位评估模式与社会本位评估模式两大类。

二、关于地方政府绩效评估的价值取向与功能定位的研究

作为政府绩效评估的核心与灵魂，价值取向与功能定位的不同是"模式差异"问题形成的根源。因此，进一步分析"模式差异"问题，应明确地方政府绩效评估的价值取向与功能定位的内涵，这也是为回答本书中心问题中的第一个分问题进行理论上的准备。

在国外研究中，一般认为，决策判断应包括价值与事实两种前提。[①] 价值取向在政府职能行使中具有重要地位，概括了"政府再造"的十个原则并以此作为政府改革的理论依据，认为只有高度重视使命、组织目标及绩效等问题的组织才有可能取得高绩效。[②] 学者们指出了公共行政中多元化具体价值取向，如界定了权力、民主化、财富、福利四类价值取向[③]，指出政府管理应遵循包括经济、效率、效益在内的"3E"目标[④]，认为政府行使职能时需要重视效率、效力以及社会价值[⑤]。在国内研究方面，有学者在效率研究中强调了"公共性"的凸显，提出了"质量优位"的概念；[⑥] 有学者认为政府绩效评估的功能定位要遵循三个原则：深化政府改革的途径和方法，沟通政府与社会公众关系的桥梁和纽带，改

[①] 赫伯特·西蒙. 管理行为 [M]. 詹正茂译. 北京：机械工业出版社, 2011.
[②] 戴维·奥斯本, 特德·盖布勒. 改革政府 [M]. 周敦仁译. 上海：上海译文出版社, 2006.
[③] 加布里埃尔·A. 阿尔蒙德. 发展中地区的政治 [M]. 任晓晋, 储建国, 宋腊梅译. 上海：上海人民出版社, 2012.
[④] 欧文·E. 休斯. 公共管理导论 [M]. 彭和平, 周明德, 金竹青等译. 北京：中国人民大学出版社, 2006.
[⑤] 尼古拉斯·亨利. 公共行政与公共事务 [M]. 孙迎春译. 北京：中国人民大学出版社, 2011.
[⑥] 周志忍. 公共组织绩效评估——英国的实践及其对我们的启示 [J]. 新视野, 1995 (5)：38-41.

善政府绩效的依据和动力;① 有学者认为评估价值是政府绩效评估的灵魂,并指出了经济价值泛化、公众主体价值未显现、公共利益未成为共同价值等当前政府绩效评估中存在的问题。② 具体到评估价值取向的内容,学界形成了诸多观点。如将政府绩效评估的价值取向界定为增长、公平、民主和秩序③,认为政府绩效评估应从效率、秩序、社会公平和民主的本位出发④,认为政府绩效评估的方向应在价值体系基础上涵盖效率公平并重、效率民主兼顾、经济增长和社会发展同步三个方面⑤,认为服务型政府应将满足民众需求作为价值取向⑥,认为政府绩效评估应在以"主权在民"的价值取向作为核心理念的基础上整合"政府本位""民众本位""企业本位"三类价值取向⑦。有学者从评估主体的自身特征出发,认为政府本位评估的实质是一种政府目标管理和目标分解的过程,其主要目的是推动政府自身完成年度工作任务,保障管理工作的顺利开展,而客观评价政府绩效则居于其次甚或更为靠后;社会本位评估则以全面、客观及准确地评价政府绩效为主要目的和基本定位。⑧

综上所述,在当前国内外对地方政府绩效评估的价值取向与功能定位的相关研究中:一方面,学者们的视角和出发点不同,观点也有较大出入,大致而言,被大部分学者所认可的评估价值取向和功能定位包含两类,一类主要偏重于评估的实践性、应用性,如"推动工作开展""效率""经济"等;另一类则偏重于评估的理论性、科学性,如"客观评价""公平""秩序""民主""民众本位"

---

① 彭国甫. 对政府绩效评估几个基本问题的反思 [J]. 湘潭大学学报 (哲学社会科学版), 2004, 28 (3): 6-11.

② 臧乃康. 和谐社会构建中的政府绩效评估价值重置 [J]. 甘肃社会科学, 2006 (1): 240-243.

③ 马宝成. 试论政府绩效评估的价值取向 [J]. 中国行政管理, 2001 (5): 19-21.

④ 蔡立辉. 西方国家政府绩效评估的理念及其启示 [J]. 清华大学学报 (哲学社会科学版), 2003, 18 (1): 76-84.

⑤ 倪星, 李晓庆. 试论政府绩效评估的价值标准与指标体系 [J]. 科技进步与对策, 2004, 21 (9): 7-9.

⑥ 吴江, 张雪峰, 张焕英. 基于科学发展观的政府绩效评估体系构建 [J]. 西南大学学报 (人文社会科学版), 2007, 33 (1): 94-98.

⑦ 包国宪, 王浩权, 石富覃. 地方政府绩效评价监管问题研究 [J]. 兰州大学学报 (社会科学版), 2007, 35 (3): 82-86.

⑧ 负杰. 中国地方政府绩效评估报告 No.1 [M]. 北京: 社会科学文献出版社, 2017.

等。另一方面，需要注意的是，学者们普遍认为评估的价值取向与功能定位应取多元化而非单一化，这表现在绝大部分学者们在界定评估价值取向和功能定位时普遍采用了"三定位说"和"四定位说"。本书在写作中主要参考了学者贠杰的观点，认为由于实践中存在政府和社会两类不同的评估主体，因此当前评估实践中主要存在工作推动型的"政府本位"与客观评价型的"社会本位"两种价值取向与功能定位。

三、关于中国地方政府绩效评估模式有效性与发展方向的研究

基于当前各类评估模式的有效性及局限性，指出中国地方政府绩效评估的发展方向，是本书中心问题中的第二个分问题。应当看到，当前关于中国地方政府绩效评估有效性与发展方向的相关研究较多，大部分学者是从制度安排、机制设计及技术运用等评估的各层面切入之后进行的分项研究。

制度安排层面的相关研究主要集中在地方政府绩效评估的法律法规、组织形式等方面。在法律法规方面，有学者指出应尽快解决政府绩效评估实践中的制度障碍等困难，构建"本土化"的政府绩效评估理论体系；① 有学者认为中国已有的绩效管理法律法规对相关程序的详细规定不足导致其缺乏可操作性；② 有学者基于对国外经验的总结，提出了评估立法的相关建议，如通过分析美国、英国、日本、韩国四国的绩效立法进程，归纳了立法先行、高层推动、立足国情、渐进推进及注重法律法规的系统完备性等绩效管理法制化的基本方法；③ 通过案例分析发现美国联邦政府与地方政府在绩效立法的内容上存在一定的同趋性，进而指出中国政府绩效评估法制化应鼓励"地方先行"，出台全国性法律法规，并及时修订和升级相关法律法规。④ 另外，还有学者从政府绩效评估的地位、权威性、

---

① 盛明科. 服务型政府绩效评估体系构建与制度安排研究 [D]. 湘潭大学博士学位论文，2010.
② 陈岩. 政府绩效管理面临的法律困境与道路探索 [J]. 辽宁行政学院学报，2011，13 (2)：17-19.
③ 陈巍. 国外政府绩效管理法制化的经验及其启示 [J]. 湖南社会科学，2015 (5)：104-107.
④ 尚虎平，韩清颖. 政府绩效立法的央地互动模式：美国的经验与启示 [J]. 甘肃行政学院学报，2016 (5)：4-12.

第一章 相关概念与文献综述

目标取向、制度规范、数据统计五个方面界定了立法的目标;① 将发达国家政府绩效评估法制化的共同特征总结为通过立法提高绩效评估的权威性,加强绩效评估机构的地位,对政府绩效评估计划、指标、方法等内容全部做出具体的规定,并针对可操作性问题颁布相应的制度细则。② 在组织形式方面,有学者根据对"公众参与模型"和"技术理性模型"的研究提出了一种"复合型政府绩效评价模式";③ 有学者归纳了国内外绩效管理的两类推进机制:"集中型"和"分散型",前者以英国、中国为代表,后者以美国为代表;④ 有学者认为应建立由多方评估主体组成的绩效评估委员会,对各地政府绩效评估行为进行垂直管理;⑤ 还有学者在理论上构建了一种基于外部环境支持的高度响应服务型政府思想的绩效评估体系。⑥

机制设计层面的相关研究主要集中在地方政府绩效评估的评估主体和运行流程等方面。在评估主体方面,有学者认为评估机构和政府的关系存在人大主导的"垂直模式"和政府主导的"水平模式"两类,指出评估的本质主体只能是公众,而政府内外的专业评估机构应代表公众的利益;⑦ 有学者提出应通过立法组建由各级人大或其常委会所指派的专家和技术官僚组成的独立政绩评估机构;⑧ 有学者界定了评估机构的三种设置形式:以青岛为代表的委员会形式、以北京为代表的联席会议形式及以武汉为代表的评估小组形式;⑨ 有学者总结了漳州市的经验,认为可在政府效能建设领导小组领导下,由纪检、组织、人事、监察、机

---

① 蒋云根. 我国政府绩效评估法制化建设的路径思考 [J]. 甘肃理论学刊,2008 (2):5-10.
② 赵贝贝. 政府绩效评估立法启示录——世界发达国家政府绩效评估法制化经验及评析 [J]. 人力资源,2007 (5):66-67.
③ 王锡锌. 公众参与、专业知识与政府绩效评估的模式——探寻政府绩效评估模式的一个分析框架 [J]. 法制与社会发展,2008 (6):3-18.
④ 周志忍. 效能建设:绩效管理的福建模式及其启示 [J]. 中国行政管理,2008 (11):44-49.
⑤ 汪玉凯,黎映桃. 公共部门绩效评估——从标准、指标和制度视角的分析 [J]. 中国行政管理,2006 (12):16-18.
⑥ 杨宇谦,吴建南,马亮. 服务型政府与政府绩效评估体系创新——基于德尔菲调查法的发现 [J]. 经济社会体制比较,2011 (5):141-148.
⑦ 徐绍刚. 建立健全政府绩效评价体系的构想 [J]. 政治学研究,2004 (3):76-83.
⑧ 倪星,余凯. 试论中国政府绩效评估制度的创新 [J]. 政治学研究,2004 (3):84-92.
⑨ 高小平,刘悦. 我国地方政府部门绩效评估研究 [J]. 江苏行政学院学报,2010 (5):90-95.

关党工委等部门抽调人员组成临时考评工作组;[1] 有学者通过分析公众评议方式中内部主体评分往往高于外部主体的现象指出,评估相关群体的利益相关性与评估结果的客观性之间存在一定的负相关关系;[2] 有学者具体分析了珠海"万人评议政府"个案中的评估主体状况,发现评估决策者为了达到控制评估结果的目的,往往倾向于引入并将"实质性权力"分配给内部主体,强化其在计分方法和权重上的优势;[3] 有学者认为,为了在制度约束下达到控制地方政府绩效评估这一工具的目的,评估的决策者倾向于在评估中主动选择回避那些"过于沉重的外部政治压力",进而研究了公众评议中"领导干部、三类代表以及区县、街道、镇工作人员"与公众两类群体的权重状况。[4] 在运行流程方面,有学者将绩效评估的程序划分为鉴别评估项目、陈述目的并界定期望、选择衡量标准、设置业绩和结果标准、监督结果、业绩报告、使用结果以及业绩信息七个环节;[5] 有国外机构将绩效评价体系的基本模块界定为评价努力情况、评价业绩、评价努力与业绩的关系及解释性说明四个方面,并设计了包括聚焦、适当、平衡、稳健、综合、成本效率等在内的FABRIC标准;[6] 有学者认为,政府绩效评估的基本程序可以划分为前期准备、评估实施和结果运用三个阶段,其中,前期准备阶段主要包括评估项目的确定和评估方案的制订,评估实施阶段主要包括评估方案的实施和评估申诉的受理,结果运用阶段则是通过"寻差距、找经验",合理运用评估结果提升绩效;[7] 有学者将政府绩效评估界定为一个收集资料、确定评估目标、划分评估项目、绩效测定及其评估结果使用等环节组成的行为体系;[8] 有学

---

[1] 郑龙. 漳州市绩效考评情况调研报告 [J]. 福建行政学院福建经济管理干部学院学报, 2001 (4): 10-13.

[2] 吴建南, 庄秋爽. "自下而上"评价政府绩效探索:"公民评议政府"的得失分析 [J]. 理论与改革, 2004 (5): 69-71.

[3] 付景涛. 主观型政府绩效评估结果的控制方式研究——以珠海市"万人评议政府"为个案 [J]. 武汉理工大学学报 (社会科学版), 2011 (6): 825-830.

[4] 董静. 政府绩效评估理论研究与模式分析 [D]. 兰州大学博士学位论文, 2012.

[5] 马克·霍哲, 张梦中. 公共部门业绩评估与改善 [J]. 中国行政管理, 2000 (3): 38-42.

[6] 中国行政管理学会课题组, 龚禄根, 包国宪等. 政府部门绩效评估研究报告 [J]. 中国行政管理, 2006 (5): 11-16.

[7] 彭国甫. 地方政府绩效评估程序的制度安排 [J]. 求索, 2004 (10): 63-65.

[8] 蔡立辉. 政府绩效评估的理念与方法分析 [J]. 中国人民大学学报, 2002 (5): 97-104.

者认为绩效评估过程可分为建构指标体系、设计指标权重和等级、建立评估和管理机构、确定评估主体、安排实施程序和结果运用六个阶段;[①] 有学者指出政府绩效考评系统应包括目标系统、比较系统、测定系统及反馈系统,涉及资料收集、目标确定、项目划分等环节,[②] 有学者等将公共组织绩效评估指标设计的流程分为操作环境分析、指标具体化、整合以及评估与修正四个环节;[③] 有学者将绩效评估流程概括为一个目标的金字塔结构,在具体实施中,由上级制定数字化目标并转换为指标和任务后分派给下级,并以其完成情况作为评价和考核政绩的依据。[④]

技术运用层面的相关研究主要集中在指标体系、评估方法、数据采集等方面。有学者梳理了国外政府绩效评估技术运用的进展,包括美国许多机构成熟运用的顾客满意度指数(ASCI),费舍对美国政府的绩效测量和基准化的实践,赛契对中国城市与农村的居民对中国政府绩效和公共服务的满意度进行的测评,以及阿斯顿工商学院在测量各地政府绩效时对"最优价值"框架和平衡计分卡的运用等内容;[⑤] 有学者认为评估指标体系、评估主体、评估方法和评估程序等环节影响了政府绩效评估的结果。[⑥] 有学者对国内地方政府绩效评估技术运用的现状和问题进行了详细的阐述,指出当前存在的绩效结构研究薄弱、评估指标技术定位偏差、作为基础支撑的数据源障碍等问题,认为应基于科学、规范的基本技术路线建立全领域、连续性、应用导向的全国性地方政府绩效评估。[⑦] 另外值得注意的是,由于政府绩效评估是学科交叉的热点领域,因此许多学者在研究中大量引入了经济学、管理学等相关学科的理论方法,如借鉴经济学的投入—产出分

[①] 卓越,杨浙闽. 公共部门绩效评估的过程控制 [J]. 天津行政学院学报,2003,5(3):28-31.
[②] 臧乃康. 我国地方政府绩效评估组织体系的解析与优化 [J]. 甘肃行政学院学报,2008(1):55-60.
[③] 胡宁生. 构建公共部门绩效管理体系 [J]. 中国行政管理,2006(3):20-23.
[④] 周志忍. 公共组织绩效评估:中国实践的回顾与反思 [J]. 兰州大学学报(社会科学版),2007,35(1):26-33.
[⑤] 盛明科. 服务型政府绩效评估体系构建与制度安排研究 [D]. 湘潭大学博士学位论文,2010.
[⑥] 范柏乃,朱华. 我国地方政府绩效评价体系的构建和实际测度 [J]. 政治学研究,2005(1):84-95.
[⑦] 贠杰. 中国地方政府绩效评估:研究与应用 [J]. 政治学研究,2015(6):76-86.

析框架①、管理学的层次分析法②、系统工程领域的复杂系统分析方法③等。

　　总的来看，当前研究中存在诸多明显的问题。一方面，就研究内容而言，大部分研究定位于各地评估实践的发展历程及其中出现的典型个案，偏重于对评估发展方向的理论构想，但对各地评估实践中的差异现象缺乏重视，对现象背后存在的关键性问题、后果及原因的分析不足，对各类评估模式在制度安排、机制设计、技术运用等各层面的有效性及局限性缺乏仔细的对比和反思；另一方面，就研究方法和视角而言，当前大部分研究偏重于理论阐述而缺乏现实分析，规范研究较多，实证研究较少，个案描述较多，多案例比较较少，既缺乏理论上的说服力，又缺乏实践中的应用价值。在本书的写作中，着重考虑了上述问题的解决。在研究内容方面，本书通过梳理各地评估实践的发展历程及其中出现的典型个案，分析评估中存在的差异现象及其背后的问题、后果及原因，进而通过归纳和反思各类评估模式在制度安排、机制设计、技术运用等层面的有效性及局限性，指出评估的整体发展方向；在研究方法和视角方面，本书注重结合理论阐述与现实分析，在关注个案特征同时着力引入多案例的比较。

---

① 周仁标. 论"省管县"体制实施的困境与障碍及其消解 [J]. 理论与改革, 2010 (2): 51-55.
② 彭国甫, 李树丞, 盛明科. 应用层次分析法确定政府绩效评估指标权重研究 [J]. 中国软科学, 2004 (6): 136-139.
③ 吴建南, 张翔. 政府绩效的决定因素：观点述评、逻辑关系及研究方法 [J]. 西安交通大学学报 (社会科学版), 2006 (1): 7-13.

第二章　中国地方政府绩效评估模式差异的历史考察

"以史为鉴，可以知兴替"，包括行政学在内的社会科学领域的大部分现实问题，都需要从其起源、发展及衰落的历史脉络中寻找答案。改革开放以来，中国地方政府绩效评估主要经历了三个阶段：在改革开放之后至21世纪之前，评估主要表现为政府主导下单一的内部考核；自21世纪以来至党的十八大之前，出现了社会参与下外部评价等新的做法；在党的十八大以来的新形势下，中国地方政府绩效评估实践方式做法正经历着新一轮的转型升级。本章拟通过制度变迁的理论视角，简要梳理各地政府绩效评估模式差异的历史演进过程，为后面章节探讨差异的现状和根源奠定基础。值得注意的是，本章所概括的各个阶段描述的是一种抽象的发展趋势，各阶段之间并不存在非常明确的节点，没有清楚的时间界限，当然这种现象也有其特殊的历史缘由，因为在中共地方政府绩效评估发展的大部分时间内，中共中央政府和大部分省级政府并未对评估的目的、制度、方法出台相关指导文件，做出统一规范的要求，[①] 从而导致各地政府的评估实践大多处于自发或半自发状态，其指导思想差异巨大，具体做法更是千差万别，这些问题将在后面的章节中予以具体剖析。

第一节　改革开放之后至21世纪之前：政府主导下单一的内部考核

就源头而言，中国地方政府绩效评估需要追溯到中华人民共和国成立后推行

---

① 周志忍. 政府绩效评估中的公民参与：我国的实践历程与前景 [J]. 中国行政管理，2008（11）：44-49.

的干部考核。中华人民共和国成立后,对领导干部及其所在部门进行有效约束是一项现实而又紧迫的工作,政府绩效评估也因而成为国家领导人非常重视的问题,但此时政府组织绩效评估的相关概念尚未引入,因此在这段时期的政府绩效评估中,由中央政府主导的领导干部政绩考评等形式的人员评估是主流类型。在中央政府的强力推动下,一系列计划经济时代的法规得以颁布与实施,如1949年颁布的《关于干部鉴定工作的规定》和1964年颁布的《关于科学技术干部管理工作条例试行草案》等,中国的干部考核逐渐步入正轨;但是也应看到,由于各种历史因素所限,这段时期的考核明显存在"运动式""一言堂"及经验化等问题。可以看到,在改革开放之前,由于计划经济体制的束缚,中央政府难以完全满足地方政府的利益,地方政府就倾向于突破制度的约束,自主开展制度的创新,政府绩效评估就是这类创新的一个重要切入点。

党的十一届三中全会之后,在中央政府"以经济建设为中心"与西方新公共管理运动思想的指引和影响下,在计划经济转向市场经济、集权行政转向分权行政的过程中,各地政府为深入推进行政体制改革,尽快转变政府职能,构建与市场经济体制相匹配的政府管理体制,一般都以提高政府的行政效率作为着力点。1979年,中央印发《关于实行干部考核制度的意见》,开始加大行政体制改革的力度,客观上提高了对制度创新的需求,[①] 1984年,中央颁布《关于逐步推行机关工作岗位责任制的通知》,明确要求对重点工作和专项工作建立相应的检查和考核制度,这都进一步提高了对政府绩效评估的现实需求。与此同时,学界也相应地加强了对政府绩效评估等相关理论的引入力度。20世纪80年代中期,自改革开放的大幕全面拉开之后,在实践需求与理论引入的双重作用下,基于干部考核相关经验的积累,中国各地政府开始初步探索体制创新与绩效评估的有效做法,现代意义上的地方政府绩效评估开始出现,青岛、福建、烟台等地的探索都是这其中的典型代表。在实践过程中,各地着眼于行政效率的提高,将绩效评估融入目标责任制、效能建设和社会服务承诺制等政府管理机制的构建中,创造性地对原有行政管理体制进行优化完善,摸索出了目标责任制、效能建设、社会

---

① 汪玉凯. 中国行政体制改革20年的回顾与思考 [J]. 中国行政管理, 1998 (12): 10-13.

第二章 中国地方政府绩效评估模式差异的历史考察

服务承诺制等多种具有中国特色的地方政府绩效评估做法，这代表着现代意义上中国地方政府绩效评估实践探索的开始。青岛的目标责任制、福建的效能建设以及烟台的社会服务承诺制这三个典型案例的出现，可以以点见面地概括这一阶段各地政府绩效评估的发展状况。

总体来看，在行政体制改革不断推进、国外政府改革经验不断引进的背景下，尤其是分权化改革以来，遵循着"下放权力，增加活力"的改革思路，青岛、福建、烟台等部分地方政府所大力推行的目标责任制、效能建设和社会服务承诺制等做法，取得了很好的实践成效，充当了改革的"排头兵"，大大提高了中国各级政府对绩效评估的关注程度，有力地促进了中国地方政府绩效评估的发展；同时，这种地方的探索也降低了中央政府的施政成本，因此中央政府也会适时选择强化部分做法的合法性基础，借助于集权化的权力链条所带来的施政的同步性便利①，在全国范围内迅速形成自内而外的政府考核网络，如对部分典型做法的全国推广。但是也应看到，虽然青岛、福建、烟台等各地的做法被称为某某模式，但其与成熟的地方政府绩效评估模式之间还存在明显的距离：一方面，由于评估在此时尚处于探索阶段，中央政府并没有对各地实践给出统一的要求和相应的规范，使这段时期的评估实施具有一定的自发性②，且主要以岗位和个人为考核对象，在政府整体绩效的测量上有所不足，缺乏标准化的指标体系和实施方案，使目标责任制、效能建设和社会服务承诺制多与干部考核混杂，形式表现为与重点工作挂钩的检查与评比等"运动式"的评估③，从而使评估普遍带有明显的粗放性。另一方面，大部分做法都是由政府作为单一主体主导实施的，评估组织者缺乏有效的外部刺激与内部激励，评估过程也缺乏有效的监督，从而使评估呈现"自发性""低效性"等封闭、落后的特征，同时也给予了评估组织机构的工作人员变相"寻租"的空间，使政府的一系列做法陷入"政绩工程""面子工程"等"形式主义"的困境中，难以满足日益突出的现实需求。为了克服地方

---

① 刘长木. 论美国政府绩效评估制度［D］. 吉林大学博士学位论文，2010.
② 周志忍. 公共组织绩效评估：中国实践的回顾与反思［J］. 兰州大学学报（社会科学版），2007，35（1）：26-33.
③ 申喜连. 政府绩效评估创新研究——基于对企业绩效评估的比较和借鉴［D］. 中央民族大学博士学位论文，2012.

政府绩效评估中存在的种种问题，中国各界尚需通过理念的革新，探索更加有效的制度安排、机制设计与技术方法。因此，在这种需求因素的作用之下，由社会力量所参与的公众评议和第三方评估呼之欲出。

第二节　21世纪以来至党的十八大之前：
社会参与下外部评价的出现

2000年前后，中国政府职能正加速向"为市场主体服务"的方向转变，政府绩效评估进一步加速发展。2004年党的十六届四中全会确定，要"抓紧制定体现科学发展观和正确政绩观要求的干部实绩考核评价标准"，2006年中国共产党中央委员会组织部制定了考核评价的相关办法并进行试行，这都为评估的持续发展形成了良好的指导作用，大大提升了政府绩效评估的作用和地位，导向功能进一步放大，迅速成为深化行政体制改革、提高政府服务质量的关键抓手。在评估的制度上，各地评估实践开始脱离各类管理机制的制约；在评估的内容上，各地评估指标也逐渐扩展到市场监管、社会管理、公共服务和平衡发展等政府职能的其他方面。

一方面，随着经济体制改革与行政体制改革的深入推进以及公民意识的进一步增强，中国公共行政开始由"权力行政"转向"服务行政"，各地政府开始更加关注公众对政府服务的满意程度，在这种背景下，中国地方政府绩效评估实践开始出现了一定的变化，多地政府针对评估中缺乏社会力量监督与参与的状况，开始"有选择地开放政治系统"[1]，试行以公众评议为代表的评估做法，使专家与公众群体真正参与到地方政府绩效评估的进程之中。在这种背景下，中国各地政府开始使用形式多样的"公众评议"方式（在一些地区又称"群众评议""行风评议"等），将社会和公众引入政府绩效评估主体中，参与到各地政府绩效评估浪潮中来。公众评议是指社会各界对各级政府及其各个部门的服务与形象的评

---

[1] 付景涛，倪星. 论地方政府在绩效评估中的理性选择——以珠海市为例［J］. 岭南学刊，2009（2）：77-81.

第二章 中国地方政府绩效评估模式差异的历史考察

价,其立足于"社会参与导向",力求促进社会对政府的监督,进而提高政府的服务质量。① 公众评议的相关做法起源于1995年上海市工商局的"行风评议",后期逐渐推广成为江苏省南京市、广东省珠海市、辽宁省沈阳市、浙江省杭州市等地的"万人评议政府"等活动,本书在此将这类模式统一称为"南京模式"。

另一方面,学术机构等社会组织也进一步深入参与到地方政府绩效评估的研究和实践之中。在研究上,以中国行政管理学会"政府绩效评估"课题组为例,该课题组自1998年成立以来全面梳理了各地政府绩效评估的实践情况,先后完成了《政府机关效率标准研究报告》和《政府部门绩效评估研究报告》等,提出了地方政府绩效评估的原则、标准等一系列意见,在国内政界和学界产生了巨大的影响。在实践中,由学术机构、咨询公司等开展的第三方评估开始陆续出现在各地实践之中,逐渐形成了一种具有特色的地方政府绩效评估模式,如2000年中共中央编译局与中央党校合作实施的"中国地方政府公共服务改革与创新"研究及奖励计划,2004年兰州大学中国地方政府绩效评价中心受甘肃省政府委托组织实施的"甘肃省非公有制企业评议政府绩效评价"活动,2007年华南理工大学组织完成的《2007年广东省市、县两级政府整体绩效评价指数年度报告》,以及零点研究咨询集团对北京市的政务环境绩效评估等。应当看到,社会组织积极参与地方政府绩效评估的实践,构建了"兰州模式"等具有较强创新意义的评估模式,在一定程度上为政府"自己评估自己"的怪象提供了一种可行的解决方案,加强了评估的专业性和公信力,对政府绩效评估的深入推进具有革新性的意义;但是,由于中国目前绝大部分的社会组织都依靠政府的人力与财力支持,甚至自身就位于政府体制之中,其参与的评估实践也大部分是以政府委托的形式出现,因此,当下的第三方评估——尤其是政府委托形式的第三方评估——尚不能谓为真正意义上的"第三方",其评估的过程和结果都易受行政意志的干预,难以反映政府绩效的真实状况。

南京的公众评议以及兰州大学、华南理工大学与中国社会科学院三个学术机构各自组织的第三方评估等典型案例,在一定程度上代表了这一阶段各地政府绩

---

① 刘旭涛,孙迎春.政府绩效管理:经验、问题与改进[J].行政管理改革,2010(12):61-65.

效评估的发展水平。

第三节　党的十八大以来：不断发展中的地方政府绩效评估

通过上一节的梳理可以看到，自21世纪初以来，在市场经济深入发展和公民意识逐步觉醒的影响下，企业和社会组织迅速成长，其对自身利益的诉求日益高涨，此时政府开始逐步向社会下放公共权力，提高社会组织的地位，吸取社会力量参与到政府绩效评估等国家治理的进程中，以提升统治的合法性和社会的稳定性[①]。可以发现，一方面，对于20世纪就已出现的目标责任制、效能建设及社会服务承诺制等繁多的"做法"，各级各地政府在不断地收束和整合，发展形成了一类以中央政府和地方政府为主体的"政府本位"评估模式；另一方面，政府通过吸收公众参与评估，形成了公众评议的成熟评估方式，同时，在学术机构等民间组织的参与下，也出现了一类以专业化力量为评估主体的第三方评估方式，这两大类方式合称为"社会本位"评估模式。应当看到，尽管起步较晚，基础较为薄弱，外部评估主体缺乏监督，但中国地方政府绩效评估实践总体上依然取得了长足的进步，其范围不断扩大、方式不断丰富，呈现各类模式共同推进的良好态势。

自党的十八大以来，中国地方政府绩效评估的形势再次发生了深刻的变化，评估体制和工作机制初步形成，步入了一个新的发展阶段。2012年，党的十八大报告中指出，要"创新行政管理方式，提高政府公信力和执行力，推进政府绩效管理"；2013年6月，习近平总书记在相关会议中提出，要进一步深入改进考核方法手段；2013年11月，党的十八届三中全会再次明确提出要"完善发展成果考核评价体系，纠正单纯以经济增长速度评定政绩的偏向"。在这种形势下，各级政府进一步深入研究地方政府绩效评估的试点。在中央政府层面，2010年

---

① 王建军. 论政府与民间组织关系的重构 [J]. 中国行政管理, 2007 (6): 54-57.

第二章 中国地方政府绩效评估模式差异的历史考察

中纪委和监察部增设了绩效管理监察室，2011年监察部牵头组织监察部、中央组织部、中央编办、国际发改委、财政部、人力资源和社会保障部、审计署、统计局、法制办9个部门联合成立了政府绩效管理工作部际联席会议，国务院也于当年批准了多个地区和部门的政府绩效评估试点工作。在地方政府层面，据统计，截至2012年8月，全国已有27个省级行政区设立了政府绩效评估的相关机构，齐头并进加速了绩效评估工作的展开，部分机构同时也在进一步推动政府绩效评估的实践。就近几年来各地的实践状况来看也可以发现，当前中国地方政府绩效评估存在两种显著的趋势：一是从以经济绩效为中心转向综合评估，二是加大公众满意度评估指标的权重，但尚未出现有足够说服力和应用价值的实践和研究成果[①]。总体而言，当前我国各级政府正进一步规范各地的评估实践行为，并通过各类试点探索建立具有中国特色的政府绩效评估模式，实施的范围得以进一步扩大，实施的内容正在逐步丰富，实施的整体呈现良好的态势。

应当看到，当前采用单一方法的绩效评估实践在中国各地正逐渐消失，取而代之的是包括目标考核、公众评议和第三方评估在内的多维度综合评估，这也是今后相当长一段时间内地方政府绩效评估的发展趋势。应当看到，这种多维度综合评估出现的一个重要原因在于：当前政府绩效评估组织机构的决策者及其他工作人员正面临越来越大的压力，这种压力与涉及评估的各利益相关群体息息相关，既有来自政府组织内部的评估对象、上级政府，又有来自外部的普通公众和社会组织。实际上，由于政府绩效评估本身就是一个综合考虑和协调各方多重利益的过程，但利益相关者诉求的重点和理性程度是不同的，评估组织者与评估主体和评估对象的利益各不相同，本级政府与上级政府、公众和社会组织的需求也存在显著差异，因此政府绩效评估的范围和方法必须要符合多元化的要求，基于不同状况选择不同的评估重点、方法和手段。但也应看到，评估方式和做法的选择根植于评估的目的和现实情况。当前部分地方政府为了追求评估实践的政治和社会影响，选择简单照搬现实状况差距明显的其他地区的做法，单纯追求这种似乎内含着足量创新意味的多元化评估，结果却在评估实施和运行中面临着大量难

---

① 汪玉凯. 中国行政体制改革20年的回顾与思考 [J]. 中国行政管理，1998（12）：10-13.

以解决的问题，使评估陷入了"形式主义"的困境之中①。

另外，在当前各地政府绩效评估实践中，除了做法上的差异之外，各地地方政府绩效评估在名称与在各类政府工作中的地位等方面上也存在一定的差异。第一，在评估的名称方面，各地评估部门的工作或项目没有形成一种统一的叫法，名称繁多且各有特色，如有大有小，有宽有窄，有特指有泛指。各地政府绩效评估项目的名称中一般会使用一些关键词组，如绩效、考核、评估等词，以表现项目的主要目的在于考核和评估绩效；同时，在项目名称的其他位置，各地政府选用的搭配词组有所不同，如廉政、干部、部门等词，以明确本项目的评估内容、评估对象、评估范围和评估的侧重点等；另外，还有一些项目，尤其是21世纪初前后出现的公众评议项目，使用了更加生动形象的名称，如"万人评议政府"等。第二，在地方政府绩效评估的地位方面，部分项目是作为一项整体、独立的工作进行，也有部分项目则只是附着于其他工作的一种管理机制。受当前的政权体制和行政管理制度影响，当前各地的政府绩效评估项目一般都由各级政府和部门的"一把手"牵头负责。但是，在政府绩效评估项目的具体实施中，部分地区的政府绩效评估项目从出现伊始便被作为附着于其他工作的一种管理机制，并未获得一种独立的地位，这种情况在早期的政府绩效评估中较为常见，如"青岛模式"中目标责任制的运用便是一种辅助干部考核的方式和机制，"福建模式"中所进行的效能建设也囊括了政府绩效评估的部分手段和方法；然而与此同时，也有部分地区的政府绩效评估项目从启动便处于或被逐步改造成独立运行的状态，这种情况在21世纪初前后出现的公众评议项目及之后出现的第三方评议中较为常见，如"珠海模式"中珠海、南京、杭州等地实施的"万人评议政府"，以及"兰州模式"中兰州大学地方政府绩效评价中心受甘肃省人民政府委托所进行的第三方评估等做法。另外，各地政府绩效评估项目在进度上也存在巨大差异，表现在阶段不一、持续性各异，这也进一步加大了各地之间的差距。

通过对各地评估实践中典型案例的考察可以发现，在中国地方政府绩效评估发展的前期，由于计划经济体制的束缚，中央政府难以完全满足地方政府的利益，

---

① 董静. 政府绩效评估理论研究与模式分析 [D]. 兰州大学博士学位论文，2012.

第二章 中国地方政府绩效评估模式差异的历史考察

地方政府就倾向于突破制度的约束,自主开展制度的创新,政府绩效评估就是这类创新的一个重要切入点,青岛、漳州、烟台等地探索的各类做法都是这种现象的典型代表。同时,这种地方的探索也降低了中央政府的施政成本,因此中央政府也会适时选择强化部分做法的合法性基础,这种现象则表现在社会服务承诺制、公众评议等做法的推广扩散上。

有学者运用制度变迁理论对这种双向的互动过程进行了解释。认为在这种过程中,强制型制度变迁的主体逐渐从中央政府的单一主体过渡到中央政府和地方政府的双重主体,进而借助于集权化的权力链条所带来的施政的同步性便利,在全国范围内迅速形成了目前这种自内而外的政府考核网络。在中国地方政府绩效评估的不断发展中,由于企业和社会组织的不断成长,其对自身利益的诉求日益高涨,此时政府开始逐步向社会下放公共权力,吸取社会力量参与到政府绩效评估等国家治理的进程中,以提升统治的合法性和社会的稳定性。在此过程中,社会组织的主体地位得以迅速发展,从而使地方政府绩效评估制度变迁的类型由强制型为主逐渐转向强制型与诱致型并行,进而引致了评估差异的"变迁"。但也应看到,长期以来由于社会组织的不成熟,再加上当前中国政府绩效评估的诱致型制度变迁尚未完全成型,由政府主导的强制型制度变迁仍将是未来一段时间内的主流,存在"路径依赖"的隐忧。①

在政治、经济、社会以及领导者个人等各方面因素的制约之下,各地政府逐步形成不同的政府绩效评估定位,进而摸索出种类繁多、特点各异的做法。笔者通过对政社关系与评估主体定位的思考,结合中国的实际情况,将目前国内存在的地方政府绩效评估实践做法归纳为四种主流模式,即内部独立评估模式、内部主导评估模式、外部主导评估模式和外部独立评估模式。所谓内部独立评估,是在评估的组织和实施中以各级政府作为唯一组织者和评估主体。中国地方政府绩效评估的内部独立评估模式,是在中国地方政府绩效评估发展早期占统治地位的一类模式,该类模式的案例包括青岛的目标责任制、福建的效能建设和烟台的社会服务承诺制等,其中以青岛市的做法最为典型。所谓内部主导评估,是在评估

---

① 董静. 政府绩效评估理论研究与模式分析 [D]. 兰州大学博士学位论文,2012.

的组织和实施中以各级政府为主导，政府和社会机构人员共同参与。中国地方政府绩效评估的内部主导评估模式是在公民意识逐渐觉醒的背景下出现的，主要表现为珠海、杭州、南京等地实施的公众评议做法，其中以珠海市实施的"万人评议政府"做法为典型代表。所谓外部主导评估，是在评估的组织和实施中以社会机构为主导，政府和社会机构人员共同参与。中国地方政府绩效评估的外部主导评估模式是随着中国社会力量的不断壮大而出现的，该模式的典型案例是甘肃省政府和兰州大学地方政府绩效评价中心共同实施的第三方政府绩效评价。另外，北京市部分区县政府委托零点研究咨询集团所开展的政务环境绩效评估也属于该评估模式。值得注意的是，虽然该类模式中的部分做法称为"第三方评估"，但由于始终存在政府这一评估的参与者，所以并非真正意义上的第三方评估。所谓外部独立评估，是在评估的组织和实施中以社会机构作为唯一组织者和评估主体，即真正意义上的第三方评估。在高校和科研院所等学术机构不断的探究和实践下，中国地方政府绩效评估的外部独立评估模式逐步登上时代的舞台。华南理工大学与中国社会科学院政治学研究所的两项关于第三方评估的研究是该类模式的典型代表。

通过多年的发展，中国各地政府绩效评估的做法有着巨大的差异。这些差异的存在导致评估模式本身难以被评估，使优劣的比较陷入困境，进而不可避免地带来各类问题，直接或间接地加剧了地方政府绩效评估在个体完善、群体推广和整体进步等层面上的困境。在个体层面，中国地方政府绩效评估差异不利于各地实践的自我改进和完善。主要体现在以下两个方面：一是由于各地实践做法差异巨大、进度不一，使各地之间无法互相借鉴优劣并改进完善，容易陷入故步自封的困境中；二是在部分地区的实践中，政府绩效评估只是附着于其他政府工作的一种管理机制，没有独立地位，缺乏改进完善的动力和权限。当做法落后于时代前进的脚步时，各地实践往往容易陷入故步自封、停滞不前甚至退化的怪圈中，大张旗鼓的政府绩效评估实践往往会造成人力、物力、财力和时间的浪费，降低政府绩效评估组织者和参与者的工作热情，进而削弱地方政府绩效评估本身的意义。在群体层面，中国地方政府绩效评估差异不利于地域间政府绩效评估能力的平衡发展。当前，各类地方政府绩效评估模式差异巨大，难以通过客观对比分辨优劣。

第二章　中国地方政府绩效评估模式差异的历史考察

这种复杂的状况使上级政府难以判断各类评估模式的优劣，显著地增加了进行模式推广的难度，降低了模式推广的质量，使有效的政府绩效评估模式的普及成为难题，从而进一步扩大了国内地域间政府绩效评估能力的差距。在整体层面，中国地方政府绩效评估差异不利于国内地方政府绩效评估实践的整体进步。在个体层面的实践停滞不前甚至退化、群体层面的实践差距进一步凸显的双重困境下，国内地方政府绩效评估的整体前进步伐有所减慢，进一步深入发展政府绩效评估的难度有所提升。

总的来看，中国地方政府绩效评估差异的历史演进是各类现实因素不断演变的必然结果。自改革开放以来的多年探索，中国各地政府绩效评估的观念和方法不断更新换代，已从初期附着于目标责任制、社会服务承诺制、效能建设及公众评议等工作的管理机制，逐渐发展成为当前正式的、独立的评估工作，已经逐步形成了一条具有典型中国特色的地方政府绩效评估发展之路。一方面，青岛、厦门、烟台、珠海、兰州等地的政府和部门从不同侧面切入，形成了一些典型的做法，呈现出显著的差异；另一方面，随着时间的推移，这些典型的做法逐渐聚合为各类成型的模式，而做法之间的差异也逐渐固化为模式之间的"壁垒"，由"小差异"最终演化为"大差异"。结合制度变迁理论的相关阐释，就内在而言，中国地方政府绩效评估制度变迁的关键行为主体经历了中央政府—中央政府与地方政府—政府与社会的多次转向，逐渐从单一的政府走向多元的政府与社会，变迁的类型也相应地由强制型为主转向强制型与诱致型并行。因此，正是这种变迁主体和类型的"变迁"的内在演变引致了评估差异的外在"变迁"，表现为由"模式差异"的"现象"向"模式壁垒"的"问题"的转化，以及最终形成了不同模式。在中国地方政府绩效评估差异的现象之下如何进行模式的分类？当前存在什么样的问题？造成了哪些后果？这些问题都留待下一章中进行进一步的分析。

第三章 模式差异与"模式壁垒"：现象与问题

回溯中国地方政府绩效评估差异的历史演进过程可以发现，自地方政府绩效评估实践兴起以来，在中央政府和地方政府的主导之下，各地评估实践不断发展，出现了形形色色的评估做法。但是，由于全国性统一规范尚未出台，各地在实践中对评估的功能定位也各有不同，难以互通，使做法之间普遍存在一定的差异。总体来看，在不断变化的现实条件的影响下，我国地方政府绩效评估制度变迁正逐步由强制型为主转向强制型与诱致型并行，在这种转向的影响之下，模式差异的正常现象中逐渐出现了"模式壁垒"的问题。

通过梳理中国地方政府绩效评估的历史脉络可以看到，各地评估实践根据评估主体的不同可以划分为政府本位与社会本位两类评估模式，前者的典型做法包括目标责任制、效能建设及社会承诺服务质量等，后者包括公众评议、委托第三方评估及独立第三方评估等。应当看到，两类评估模式之间差异显著，存在"模式壁垒"的问题，如制度层面上立法进度滞后的"运动评估"、机制层面上评估主体单一的"自我评估"以及技术层面上技术路线失范的"低效评估"。这些问题的存在，阻碍了地方政府绩效评估的进一步科学化、标准化与公开化，并最终引出了本书研究的中心问题：中国地方政府绩效评估"模式壁垒"问题的根源在哪儿？如何解决？本章将基于由现象到问题的思路，结合政治锦标赛理论的相关阐释，通过对中国地方政府绩效评估中政府本位与社会本位两类模式的划分，探究当前实践中存在的"模式壁垒"问题及其后果，为后续在理论上进一步揭示评估"模式壁垒"形成的根本原因奠定现实基础。

第一节 政府本位与社会本位：模式差异现象下的两类评估模式

从近年来的实践进展来看，在政策环境等因素的交叉影响下，各地政府确立了不同的政府绩效评估定位，进而摸索出了种类繁多、特点各异的做法，主要包括目标责任制、社会服务承诺制、效能建设、公众评议以及第三方评估等方式。应当看到，当前各地实践的差异并不是杂乱无章的，其背后也暗藏着一定的逻辑规律，从这种规律出发，才能对中国地方政府绩效评估差异形成正确的认识。在已有研究的基础之上，笔者通过对政社关系与评估主体定位的思考，基于理论和现实的双重考量，结合中国的实际情况，将目前国内存在的地方政府绩效评估实践做法依据评估主体的不同归纳为两类评估模式：第一类评估模式以政府为评估主体，表现为"自内而外"的外在形态，称为政府本位评估模式，是指各级政府或政府部门所进行的政府绩效评估，也就是通常所称的"绩效考核"，主要包括目标责任制、效能建设以及社会承诺服务制等具体的评估方式，其内容一般包括领导评分、目标考核（各评估主体通过上级依据任务目标制定并由领导小组审核通过的指标对评估对象进行考核）、察访核验（评估组织机构通过督察、访谈等形式核验评估数据及结果，对违规情况实施扣分、通报等处理）等。第二类评估模式以社会和公众为评估主体，表现为"自外而内"的外在形态，称为社会本位评估模式，是指第三方专业化评估组织、社会媒体或公众作为评估主体，对政府运行绩效进行的衡量和测评，主要包括公众评议、委托第三方评估以及独立第三方评估等具体的评估方式，前者更为关注模式的实用性，偏重于政府管理过程中现实需求的解决，主要以问卷访谈、媒体投票、网站或手机投票等形式进行；后者则是以科学性为立足之本，注重结合公正、公开等公共价值的理论构想，主要借助于政府公开的各类统计年鉴、统计报表等信息实施[①]。可以看到，

[①] 闫帅.政府绩效评估的主体选择困境——兼论政府本位和社会本位评估模式的有效性与有限性[J].天津行政学院学报，2012，14（3）：66-71.

当前地方政府绩效评估的主流仍是政府本位评估,以及社会本位评估中的公众评议,评估指标设计的主流方法则是包括主观综合评价与多指标量化考核在内的综合方法,这些方式与方法的应用较为广泛,发展较为成熟。① 相比之下,社会本位评估模式中的委托第三方评估与独立第三方评估等方式尚处于起步阶段,在制度、机制和技术等层面都还存在明显的不足,未来有待于进一步深入发展。

一、政府本位评估模式:目标责任制与效能优先

中国地方政府绩效评估的政府本位评估模式,是一类位于政府内部,依赖科层制等形式,以各级政府自身作为评估方案的制定者、组织实施者以及主要评估主体的评估模式。应当看到,这种依据政府工作目标任务来确定考核指标的做法,在中国地方政府绩效评估发展早期占统治地位,在目前各类模式中的应用范围最广,是当前国内政府绩效评估的主流方式。该类评估模式中的主要方式包括青岛的目标责任制、福建的效能建设和烟台的社会服务承诺制等。

其中,目标责任制的做法源于西方先进管理理论的中国化,一般被称为"青岛模式"。作为西方目标管理(MBO)的衍生品,目标责任制立足于"任务导向",力求将政府、事业单位及企业等组织的战略目标分解为岗位和个人的工作任务,主要包括目标的确立、分解、完成及评估等内容②。目标责任制的相关做法包括山东省青岛市的"目标绩效管理制度"、山西省运城市的"新效率工作法"、北京市的"党政机关目标管理责任制"以及四川省的"人民政府目标管理工作"等。效能建设的做法源于监察部门所实施的效能监察,一般被称为"福建模式"。中华人民共和国国家监察委员会(原中华人民共和国监察部)自1987年恢复组建以来,积极探索体制改革,逐步推进效能监察,着力提升政府效能。作为效能监察的组成部分,效能建设立足于"能力导向",着眼于政府行政效率、效益及效果的提高,主要包括对政府及其工作人员的工作效率及作风等状况

---

① 负杰. 中国地方政府绩效评估:研究与应用 [J]. 政治学研究, 2015 (16): 76–86.
② 谢志贤. 政府绩效评估有效性问题研究——以吉林省政府绩效评估为个案 [D]. 吉林大学博士学位论文, 2010.

第三章 模式差异与"模式壁垒":现象与问题

的监察。1997年福建省的机关效能建设试点工程是效能建设的典型做法。在社会服务承诺制的构建过程中,地方政府同样引入、借鉴了国外的成熟经验。1994年烟台市通过对英国社会管理做法的借鉴,率先推行"社会服务承诺制",一般被称为"烟台模式"。在烟台市政府实践案例的影响下,中央政府开始参与评估的推进。1996年,中宣部和国务院纠风办在全国范围和多行业普遍推广了烟台市的相关做法,力图使绩效评估成为自内而外的正规化、标准化的系统做法。

总体来看,政府本位评估作为当前国内绩效评估的主流模式,在一定程度上发挥了其应有的作用,提高了政府的执政能力。就此类以政府为评估主体的做法而言,由于其根本目的在于推动本级政府的实际工作,因而呈现强烈的应用导向和工具色彩。相比之下,由于存在"目标任务分解过程层层加码、滋生虚假绩效信息、目标任务设定高低影响评估结果"等一系列问题,政府本位评估模式的科学性显著不足,客观评价功能较为薄弱,甚至"淹没在巨大的发展压力之中"。①具体而言,在制度、机制及技术等评估的各个层面,政府本位评估均暴露出诸多问题,部分地区和部门所推行的评估工作华而不实,"形式主义"之风盛行,不仅没有发挥好行政管理改革的枢纽作用,成为政府工作的"指挥棒"和"风向标",反而异化为官员们升迁的"敲门砖""垫脚石",在一定程度上阻碍了这些地区行政管理体制改革的步伐,不仅制约了政府绩效评估理论框架的完善,也严重阻碍了具有较强实用价值的评估模式的出现。

另外需要指出的是,人民代表大会评估也可以归类到政府本位评估之中。作为我国的最高权力机关,各级人民代表大会具有审查政府工作报告、预结算、人事任免等法定的权力,但由于政权结构、理念认知、地区差异等现实因素的存在,以人民代表大会为主体的政府绩效评估往往都趋于形式化,未能发挥应有的作用。另外,在其他地方实践中出现的以政府为主要评估主体的做法,如目标管理、机关考核等,就其本质而言都可以归类到政府本位评估模式中。由于篇幅所限,本节不再一一赘述。

---

① 贠杰. 中国地方政府绩效评估报告 No.1 [M]. 北京:社会科学文献出版社,2017.

二、社会本位评估模式：公众评议与第三方评估

社会本位评估模式，是一种以第三方专业化评估组织、社会媒体或公众作为评估主体，对政府运行绩效进行的衡量和测评。就社会本位评估而言，其主要评估形式是第三方的专业化评估，其根本目的在于客观评价政府绩效。具体而言，它是指从事政府管理和绩效评估的专业研究机构，以客观、准确测评政府绩效为目的，基于扎实的理论研究形成的评估技术路线，按照专业化测评方法，对政府运行实际绩效进行综合判断的评估模式。相对于政府本位评估模式，第三方专业化评估的目标不是测评政府工作任务和目标完成情况，而是以全面、准确衡量政府运行状况和绩效表现为基本定位。技术方法的科学性、完备性、客观性，是第三方专业化评估的基本要求[①]。应当看到，社会本位评估模式是在中国社会力量的不断壮大、公民意识逐渐觉醒的背景下出现的，主要包括两种评估方式：一是在2000年前后杭州、南京等地实施的公众评议；二是21世纪以来发展迅速的第三方评估。其中，根据评估组织的不同特征，第三方评估又分为两种方式：一是如甘肃省政府委托兰州大学开展的第三方评估，称为"委托第三方评估"方式；二是如华南理工大学与中国社会科学院等机构各自独立开展的第三方评估，称为"独立第三方评估"方式。

其中，就公众评议方式而言，这是一类由政府作为评估方案的制定者、评估的组织实施者，同时引入公众、企业等作为主要的评估主体，进而通过对政府行为进行的定性判断来衡量政府绩效的评估方式。20世纪之后，在服务型政府建设的时代背景之下，随着行政管理体制改革的进一步深入和社会呼声的日益增强，政府体制之外的各方面因素不断增多，各地政府为增强公众对自身的支持度、满意度，对目标责任制等以往评估做法中由政府掌控全部权力的方式进行了深刻的反思，并开始有针对性地引入部分公众群体参与到评估之中，显著地促进了政府绩效评估实践的发展。在南京、珠海、杭州等地的众多公众评议做法中，以南京市实施的"万人评议政府"做法最为典型。应当看到，作为各地政府绩

---

① 负杰.中国地方政府绩效评估报告No.1 [M].北京：社会科学文献出版社，2017.

效评估实践中的新热点，虽然公众评议方式的主导权仍在政府一方，但其评估主体则与政府本位评估不同，引入了公众等政府之外的力量，内含着新时期政府管理价值取向与评估模式功能定位的重大转变，收到了社会各界的良好赞誉和回应。但是，作为一类依旧由政府本身组织实施的评估方式，公众评议方式仍然是一种政府管理机制的组成部分，在本质上与政府本位评估模式更为接近，与真正意义上的社会本位评估模式的价值取向与功能定位还存在较大差距。

委托第三方评估方式一般指的是一类政府通过直接委托或招投标方式选择第三方学术机构、非政府组织或企业等代替政府组织实施绩效评估的做法。就这种方式而言，在合同双方所签订合同的约束下，作为合同甲方的政府方面负责提供评估组织实施所需的经费，作为合同乙方的第三方机构则负责政府绩效评估的具体组织、实施，并按时向政府提供相应的评估结果或报告。委托第三方评估的典型案例是甘肃省政府和兰州大学地方政府绩效评价中心共同实施的第三方政府绩效评价。另外，北京市部分区县政府委托零点研究咨询集团（国内著名的咨询和调查机构）所开展的政务环境绩效评估也属于该类评估模式。值得注意的是，该类模式中的部分做法虽然命名为"第三方"，但由于存在政府这一评估的参与者，评估机构并非真正意义上独立的第三方机构，所以并不能与下面所提到的独立第三方评估混淆。

相比于委托第三方评估，独立第三方评估方式是在评估的组织和实施中以学术机构作为唯一组织者和评估主体，即真正意义上的第三方评估。在独立第三方评估中，学术机构具有独立的评估主导权，决定评估实施、方案制定、指标设计、评估流程、结果运用、技术路线等评估各方面的绝对权力，而政府的角色则转变为评估对象和评估数据提供者。应当看到，在各类评估方式中，独立第三方评估的科学性、客观性较为突出，能够在最大程度上减少政府因素的介入，摆脱行政力量的干扰，提升评估的可信度。在高校和科研院所等学术机构不断的探究和实践下，近年来中国地方政府绩效评估的外部独立评估模式逐步登上了时代的舞台。华南理工大学与中国社会科学院的两项关于第三方评估的研究，是该类模式的典型代表。

另外需要指出的是，当前存在一些以公众和社会为主要评估主体的其他做法,如行风评议、政府与学术机构之间"合作式"的第三方评估,报纸与网络媒体举办的政府服务质量投票等,这些做法本质上都可以归类到社会本位评估模式的各类方式之中,因此本节也不再一一赘述。

第二节 制度、机制与技术:"模式壁垒"问题的三个层面

横向比较中国地方政府绩效评估的两类模式可以发现,各模式的指向与内容等均存在着明显的差异,相互之间呈现出了显著的"鸿沟",在一定程度上形成了"模式壁垒"的现象。通过进一步探究各地做法之间所存在的或大或小、或隐或显的差异也可以看到,这些差异在政府绩效评估结构要素的层面上均有普遍的分布。为了进一步推动我国地方政府绩效评估的制度化和规范化,充分发挥绩效评估在国家治理体系与治理能力现代化进程中的重要作用,有必要从评估的各个层面对我国地方政府绩效评估模式壁垒进行系统的分析。① 从绩效评估的功能定位、制度安排、机制设计及技术运用等层面来看,"模式壁垒"现象主要表现为三个方面:一是制度层面上评估立法进度不一,二是机制层面上评估主体选择有别,三是技术层面上技术路线各异。本节将从法律法规、组织形式、评估主体、运行机制、结果运用机制、保障机制、指标体系、评估方法和数据采集等诸多方面对中国地方政府绩效评估模式壁垒进行系统反思。

一、制度层面:地方政府绩效评估立法进度不一

在中国当前地方政府绩效评估的制度层面,评估普遍呈现为立法进度不一,大部分地区立法进度滞后,呈现为"盲动主义"下的"运动评估",需要尽快确立统一、严谨而规范的法律法规作为政府绩效评估的坚实保障。从中央层面来

---

① 周志忍.公共组织绩效评估:中国实践的回顾与反思[J].兰州大学学报(社会科学版),2007,35(1):26-33.

看，当前我国已经形成了部分与政府绩效评估存在密切联系的全国性法律规章，主要分散在财政审计、国有资本管理、人事管理、科技管理等其他领域中，如《中华人民共和国审计法》（1994年颁布，政府财政审计领域）、《国有资本金绩效评价规则》（1999年颁布，国有资本管理领域）、《中华人民共和国公务员法》（2005年颁布，人事管理领域）等；但是，由于我国引入政府绩效评估理念较晚，绝大部分地区的实践也还处在摸索阶段，因此中央政府对待全国性政府绩效评估的态度较为谨慎。可以看到，截至目前，中央政府层面仅就领导干部和公务员的人员绩效评估层面出台了部分规章，而对政府绩效评估领域的立法进程尚未开启，尚未出台顶层的、专项的、政府绩效评估法律，聚焦于该领域的全国性指导意见也很少。

在地方层面上，当前个别地方政府的绩效评估已经初步达到了科学化、规范化的标准，但大部分地方政府所推行的依旧是政府主导下单一的内部指标考核，且大部分还处于萌芽和起步阶段，其制度化、规范化程度还有明显的改进空间。就各地进展来看，哈尔滨、深圳等地已经颁布出台政府绩效评估的专项法律法规，如2009年，黑龙江省哈尔滨市率先制定颁布了全国范围内首部地方性评估规章《哈尔滨市政府绩效管理条例》，这代表着我国地方政府在政府绩效评估立法方面的突破性尝试，之后深圳市人民政府也相继印发了《深圳市政府绩效评估指导书》和《深圳市政府绩效评估指标体系》，并已经将深圳市政府绩效评估系统等相关评估工具在各市政府直属单位和区政府推行开来。但是，其他大部分地方政府尚未形成系统性的政府绩效评估法律法规体系，只是通过行政命令方式出台部分临时性的工作条例和制度来推行政府绩效评估，其中适用于整体政府的政府绩效条例和制度如烟台市的社会服务承诺制、"福建模式"中的效能建设以及"珠海模式"中的公众评议；专业性的地方政府绩效评估法律法规乃至工作制度和规范则更为常见，如江苏省纪律检查委员会的"应用制表分析方法对反腐败五年目标实现程度的测评"（纪律检查领域）、《天津市关于市属独立科研院所实行业绩考评分级管理的若干规定》（1994年颁布，科技管理领域）、山西省运城市人民政府的"办公室机关工作效率标准"（工作规范领域）等。应当看到，即使在杭州、哈尔滨、深圳等已经颁布出台专项政府绩效评估法律法规的地区，其规制的数量、种类和导向也不一样。在这其中，大部分规制表现为数量较大的政府规范性文件，这说明对地方政府绩效评估制度的实际需求是较为迫切的；同时也可以看到，限于立法方面的地域权限的制约，这些规范性文件绝大部分都没有真正上升到法律层面，这进一步表明了中国当前地方政府绩效评估在法律方面所存在的显著困境。

总体而言，与西方发达国家政府绩效评估立法水平相比，我国政府绩效评估的制度化、规范化的程度还不足，中央政府层面和绝大多数地方政府的评估立法极为匮乏，尚未形成常态化的运行机制，使政府绩效评估总体上面临着无法可依、无规可循的两难境地。应当看到，地方政府绩效评估立法的滞后和刚性制约的缺失，及其所带来的评估方法不科学，程序不规范不透明等问题，与我国评估实践起步较晚、经验不足等先天因素有一定关系，这种问题在政府管理制度发展的初期难以避免。相比经济体制改革，我国的政治体制改革和行政管理体制改革的进度较为滞后，因此各地政府管理实践普遍呈现出"运动式"的趋势。但本书认为更应关注的方面在于：就当前的评估实践而言，其内力驱动型特征非常明显，这里的"内力"主要指的就是领导人的观念，各地政府绩效评估之所以长期以来未能形成统一的做法和方式，与社会各界以及包括政府领导人在内的政府绩效评估相关群体对政府绩效评估的重视程度不足也存在密切的联系。

二、机制层面：地方政府绩效评估主体选择有别

就当前各地政府绩效评估的机制层面而言，评估主体的选择也各不相同，其中大部分地区在评估实践中实际上选取的是单一化的评估主体，使评估很容易偏离预设轨道，异化为各地政府形式化的"自定方圆"，呈现为"形式主义"下的"自我评估"，因此，需要尽快确立科学化的评估主体，并对评估流程、评估配套机制等内容进行统一化、规范化的明确界定，以此作为政府绩效评估的有力支撑。以政府本位评估为例，笔者通过在2014~2015年对A、B、C三个地区的政府及其部门的绩效评估项目进行的调研发现，在评估主体的选择中，A政府中本级所属部门和下级局、本级所属部门负责人和下级局领导班子成员的评估主体都为本级局的绩效管理工作领导小组和绩效办公室，普通工作人员的评估主体为所

属各级部门负责人和绩效办公室；B 政府中省局各部门、省局部门负责人的评估主体为省局领导小组、省局绩效办公室和所有编制内人员，普通工作人员的评估主体为省局绩效办公室和所有编制内人员。C 政府中市局各部门、市局领导班子成员、市局部门负责人的评估主体为市局领导小组和市局绩效办公室，普通工作人员的评估主体为市局领导小组、市局绩效办公室和市局部门负责人。可以发现，A 政府的评估主体选择过程完全贯彻了其制定的"统一领导、分级管理"的评估原则，评估主体的范围严格限制在各级绩效管理工作领导小组、绩效办公室和部门负责人手中，普通工作人员的意见缺乏表达渠道；B 政府中所有编制内人员都可参与民主评议，但该局民主评议得分在总分中的权重仅为 30%，远远低于省局领导小组、省局绩效办公室 70% 的权重，且评议过程中存在"人情票"等不良现象；C 政府遵循"逐级审定，统一考核"的评估原则，领导小组掌握了部门绩效和岗位绩效的"确认"权，但其"审定"过程缺乏公开透明，存在"一言堂"现象，使审定结果缺乏公信力。

自 2000 年以来，党和国家进一步提出要加强服务型政府建设，坚持立党为公、执政为民的执政理念，这在一定程度上促使各地政府加强对辖区民意的关注和重视，逐步在评估中引入公众作为新的评估主体，这种改变的确加强了各地政府官员的公仆意识，有力推动了各地服务型政府的建设。公众评议虽然是一种社会本位评估模式，但归根结底，其评估组织者依旧是各级政府，评议方案的设计、实施和结果运用也完全由政府掌握。因此，很多地方的公众评议实际上都仅仅是本级政府为了应付上级的要求和公众的呼声，在上级政府面前树立形象的一项"面子工程"，评议的实施与公众的实际要求和期望相去甚远。就当前各地公众评议实践的评估主体而言，其涵盖了包括政府领导人、管理机构、职能机构、专家、社会团体代表、企事业单位代表、公众等在内的多元化群体，总体呈现出显著的分散化特征。其中，政府领导人、管理机构、职能机构等属于我国政权体制之中的内部主体，而专家、社会团体代表、企事业单位代表、公众则是处于体制之外的外部主体。应当看到，虽然各地公众评议做法的评估主体分布较广，但绝大多数都是政府直接管理或接受政府授权和指导的内部主体，且该类主体在评估中所占的权重较高，其重要性与影响力明显高于专家、公众等外部主体。可以发现，在当前政府主导的各类评估实践中，通过引入精心选择的外部主体参与评估，虽然给政府带来了一定程度上的外部政治压力，但其所形成的对社会各界利益的整合，能够显著提升公众对本级政府的支持度和满意度，进而加强政府绩效评估的合法性，使政府在包括绩效评估的各类工作中占据主动，这也是近年来各地实践中动辄出现"万人评议政府"等"大动作"的根源所在[①]。

另外，在调研中可以发现，当前各级政府绩效评估的结果运用基本处于虚置的状态，经常出现一些令人遗憾的现象，如费尽心力得出的绩效报告被空置，使评估结果的运用反而成为阻碍绩效评估正常运行的"最后一道墙"。以 B 市工商局为例，在其绩效办公室开展 2014 年终的绩效评估之前，各种评奖评优活动已经结束，使绩效评估成为摆设，全凭领导的个人喜好；再以 C 政府为例，其结果运用的一大阻力便源于其评估申诉制度难以落地，虽然该局在其评估方案中初步建立了评估申诉制度，规定"考核成绩公示后，岗位责任人对考核成绩有异议的，在公示后 48 小时之内提出书面申诉意见，经部门主要负责人审核，报请绩效管理办公室核查确认"，但部分被评估对象在超过时限的情况下仍能通过非正常渠道对评估结果提出异议，进而与部门负责人、绩效工作人员进行长时间的扯皮、较劲，在部分情况下甚至可以借助上级领导的干涉粗暴修改评估数据，人为改变评估结果。

三、技术层面：地方政府绩效评估技术路线各异

在技术层面，当前各地政府绩效评估选取的技术路线也各有不同，大部分地区的评估实践呈现为"经验主义"下技术路线失范的"低效评估"。应当看到，当前各地政府绩效评估实践中的技术运用还面临着诸多不容回避的问题：一方面，当前政府绩效结构的理论支撑较为薄弱，偏重于借鉴国外理论框架，且存在评估指标的技术定位偏差；另一方面，无论是各级政府与其上下级政府和部门之间，还是与第三方评估机构之间，都在数据和信息的交流互通方面存在明显的"藩篱"和"鸿沟"，沟通不畅。以上问题的存在，都对克服当前我国政府绩效

---

① 董静. 政府绩效评估理论研究与模式分析 [D]. 兰州大学博士学位论文，2012.

第三章 模式差异与"模式壁垒":现象与问题

评估的技术路线失范、实现技术路线创新,构建完善合理顺畅的数据共享制度机制,提出了迫切的要求。

首先,当前政府绩效评估的理论基础较为薄弱,指标设计缺乏客观性。一方面,大部分评估实践偏重于借鉴国外理论框架,缺乏基于中国政府职能同构性特色下的稳定、具有解释力的政府绩效结构框架,指标设计较为随意,指标体系的形成主要依靠对具体工作任务的归纳和总结,大量实践中甚至将政府的综合绩效、部门绩效和人员绩效混为一谈,同时,指标体系的更新换代过于频繁,这也进一步加大了不同地区在评估实践做法中的差异;另一方面,各地评估实践缺乏科学有效的绩效评估方法指导,大量存在主观与客观指标、结果与过程指标混用的情况,偏重于总量而忽视存量,偏重于人均而忽视增量,这都在一定程度上凸显了评估的刚性特征,减弱了评估的激励作用,降低了评估对于提升政府绩效的本质意义[①]。在权重设置方面,即使在部分引入了外部评估主体的实践做法中,政府内部的相关主体的权重也往往远高于社会组织和公众等外部主体,而且由于以定性判断为主的领导评分部分往往占据较大的权重,上级政府领导个体不确定性较强的意见与偏好往往可以在很大程度上颠覆评估的结果。

其次,各级政府和部门之间中尚未实现完善的数据共享,作为基础支撑的数据源方面存在各类问题。在调研中可以发现,A、B、C 各个政府的评估数据大都存在难以获取、失真等情况。以 C 政府为例,按照制订的评估方案,该局的绩效数据来源有三个,一是取自 C 政府自身的业务系统,二是取自上级公安局的业务系统,三是由 C 政府下属各部门手工报送。由于公安系统的保密性特点,其自身业务系统中的数据一般都比较准确,不易被篡改,可以完全应用到绩效评估之中,上级公安局业务系统的数据由于制度约束、部门关系、手续烦琐等问题难以取到,手工报送的数据则因为报送人员有意无意的瞒报、漏报、错报等问题存在大量纰漏,最后,即使通过建立新的数据接口、规范报送程序等手段获取到数据,其真实性也有待商榷。B 市工商局的问题同样突出,该局核查数据真实性的手段是在年中、年终检查记录、登记等纸质文件,经过长时间的积累,这些文件

---

① 负杰. 中国地方政府绩效评估报告 No.1 [M]. 北京:社会科学文献出版社,2017.

往往数量巨大、种类繁多，使核查工作量惊人，最终很可能由于核查人员的责任心欠缺、通融心理甚至徇私的做法而全部过关，使绩效评估成为一纸空谈。

第三节 科学化、标准化与公开化困境："模式壁垒"问题的多重后果

通过多年的发展，中国各地政府绩效评估实践在制度、机制和技术等各个层面形成了全方位的差异，在一定程度上陷入了"模式壁垒"的困境之中。"模式壁垒"问题及其存在的自发性、差异性与封闭性特征，对中国地方政府绩效评估的发展形成了多重阻碍：一是阻碍评估机构自身的规范完善，不利于评估的科学化；二是阻碍评估机构之间的相互借鉴，不利于评估的标准化；三是阻碍评估机构外部的监督制约，不利于评估的公开化。

一、阻碍评估机构自身的规范完善，不利于评估的科学化

在我国地方政府绩效评估实践进程中，各地评估实践广泛存在"自发性""盲目性"和"神秘性"等问题。在评估设计上，各地评估机构所涉及的评估方案、评估主体以及评估指标等，大部分是从政府自身的实际需求出发来研究设定的，缺乏制度化的刚性约束；在评估组织中，大部分地方政府的绩效评估实践都具有明显的"运动式"特征，各地评估的组织也大部分依靠临时设置的某个机构；很多地方的评估实践都是为了完成上级要求或追求政绩，将绩效评估作为一项临时性的工作任务或拿来邀功的功劳来对待，严重缺乏具有科学性、前瞻性的统一规划；另外，政府绩效评估的结果运用也很不完善。这种状况的存在，使政府绩效评估不仅成为被评估对象的负担，甚至成为某些利益相关者受贿、"寻租"的绝佳机会，严重地损害了党和国家的形象。[①] 这种状况形成的政府绩效评估结果，自然也难以帮助政府发现自身问题，进而提升绩效。

---

① 叶敏. 我国地方政府绩效评估研究——以杭州市政府绩效评估为例[D]. 浙江大学硕士学位论文，2008.

第三章 模式差异与"模式壁垒":现象与问题

当前,第三方评估在企业界的应用越来越普遍,但在政府领域的应用仍然较少,这是因为领导干部在高压下习惯了指令式的工作模式,缺乏创新的动力,而偏向于寻找和使用"普适性的方法与技术",最终往往会选择"永远不会犯错"的自身作为评估主体,这种现状在很大程度上阻碍了中国地方政府绩效评估的创新性发展。时下,各级政府所管理的下属机构和部门非常之多,因此在制订评估方案时,不但要注重评估对象各自的特点,还要做到统筹兼顾,难度较大,这种特点也使得评估方案的制订者偏向保守,但从深层次上来讲,评估标准存在的缺乏激励性和区分度的问题其实也缘于评估主体的单一、第三方评估主体的缺位,当前的方案制订者自己往往也作为评估主体和评估对象,他们在实践中必然将不可避免地顾念人情,有意降低评估标准,不愿意得罪部门、系统内部的同事,对绩效评估敷衍了事。另外,部分领导干部的权力缺乏有效监督,也加剧了制度壁垒的形成。当前各地的党政主要领导在产生推行绩效评估的想法之后,在缺少法律约束的情况下,没有通过制度化的途径把想法转化为议题并推动其进入正常的政策过程,而是运用行政力量直接强制启动绩效评估项目,干涉评估方案的制订和实施以及评估结果的运用,使绩效评估的全过程都带有领导个人的鲜明印记。在短期内,绩效评估能够在集权化政治架构的支持下在其管辖的系统、部门中快速铺开,在短期内形成上级关注、政府奖励、社会声誉等"政治产出",给发起人带来其为参加"政治锦标赛"所孜孜以求的政治资本,包括"行政发包并进行量化考核、绩效排名与择优提拔";从长期看,领导个人在没有通过协商与系统、部门人员的想法、利益达成一致的情况下强行推行绩效评估,很可能导致评估标准设置不合理、评估数据失真、评估结果缺乏公信力等问题,从而造成组织内部人员利益的对立和信任度的下降,在客观上放大组织内部原有的弊病,使评估项目缺乏可持续性。最终可以预见的是,在一片怨声载道之中,这种类似"大跃进"的绩效评估必然会由于发起力量的单一、支持力量的薄弱、反对声音的浩大而失败,造成人力、物力、财力的浪费。

应当看到,在中国地方政府职能同构的背景之下,大部分地区只是将政府绩效评估实践作为附着于其他政府工作的一种管理机制,未能给予其独立的地位,进而使得评估本身缺乏自我改进完善的动力和权限。因此,模式壁垒的存在影响了中国地方政府绩效评估模式的统一，直接或间接地加剧了地方政府绩效评估在自我完善方面的困境，不利于科学、客观、准确地评价和比较地方政府绩效。在个体层面，在个体做法落后于时代前进的脚步时，各地实践往往容易陷入故步自封、停滞不前甚至退化的怪圈中，大张旗鼓的政府绩效评估实践往往会造成人力、物力、财力和时间的浪费，降低政府绩效评估组织者和参与者的工作热情，进而削弱地方政府绩效评估本身的意义。

二、阻碍评估机构之间的相互借鉴，不利于评估的标准化

纵观过去几十年的探索中各地地方政府绩效评估差异形成的整个进程可以发现，一方面，各地政府由于发展不平衡而形成了层级、类型、权责、运作方式等方面的多重差异；另一方面，当前地方政府绩效评估立法尚无明显进展、体系也尚不完善。在以上现实状况下，中央政府对在全国范围内推广绩效评估持谨慎态度，倾向于授权各地进行实践创新，或者组织部分部门或地方进行长期的试点，通过这些方式逐步检验政府绩效评估相关理念和工具的应用价值。

应当看到，在这种中央政府授权的地方创新和试点中，在当前各地评估实践所呈现的"遍地开花"现象背后，各地实践中存在显著的差异，进度不一，缺少客观对比分辨优劣的有效维度，既使上级政府难以判断各类评估模式的优劣，也使各地在实践之间无法互相借鉴并改进完善。就我国的政权结构而言，作为上下级政府机构，中央政府和地方政府两者之间是单向的指挥—服从关系。在这种权力架构模式下，作为下级的地方政府必须完成作为上级的中央政府所赋予的任务，这就构成了一个自内而外、自上而下的政府管理与绩效评估的全国性的行政网络。但就当前评估实践的发展状况来看，无论是中央政府还是绝大部分地方政府，由于缺乏统一的政府绩效评估法律规章，都还未能形成一套完整统一的政府绩效评估体系，各地实践呈现显著的"运动式""自发性""分散性"特征。

可以发现，在政府绩效评估实践等各类具有一定开拓性、创新性的政府管理项目的实施中，相对于中央政府，地方政府所承担的政策成本和风险显然较低，同时，地方政府的工作成效反过来给中央政府提供了一定的参考价值，这显著减

弱了中央政府组织和实施政府绩效评估项目的动力。这种状况的存在，显著地增加了进行模式推广的难度，降低了模式推广的质量，使有效的政府绩效评估模式的普及成为难题，从而进一步扩大了国内地域间政府绩效评估能力的差距。然而在整体层面，在当个体层面的实践停滞不前甚至退化、群体层面优质模式难以推广的双重困境之下，国内地方政府绩效评估的整体前进步伐必将有所减慢，进一步深入发展政府绩效评估的难度有所提升。

三、阻碍评估机构外部的监督制约，不利于评估的公开化

就政府绩效评估的一部分功能而言，社会和公众可以根据评估内容和结果，了解政府系统的实际运作，以便更好地监督政府运行，进而更好地帮助政府改进和完善相关体制机制。但是，当模式壁垒存在时，由于评估标准不同、指标不一，社会对各个地方政府的绩效便难以进行比较和评价，也就无法完成了解、监督和制约该项评估的各个环节。在当前的时代背景下，这种情况的存在显然不利于我国服务型政府建设的进一步推进和落实，与民主政治的改革方向也是相悖而行的。

回溯中国地方政府绩效评估"模式壁垒"问题的形成及其后果可以发现，目前中国地方政府绩效评估的复杂局面，在一定程度上缘于两方面的因素：一方面，中国地方政府绩效评估缺乏全国性指导思想、整体规划、考核标准、政策指导、组织管理、法律保障等，大部分地方政府的实践做法缺乏有力的理论基础，处于自发或半自发的状态，普遍存在成套照搬国外成型方案的现象，在实践的力度和评估的效果上没有实现合理的平衡，呈现出明显的分散、随意、盲目、单兵突进等特征，严重缺乏科学性。应当看到，尽管中国地方政府绩效评估已经探索多年，但仍然处于探索与试点阶段，其理论和实践都远远不够成熟。[①] 另一方面，通过对各地实践的比较也可以发现，在大部分地区的做法存在显著差异的同时，部分地方政府绩效评估做法相似度较高。笔者通过研究部分市县政府绩效评

---

① 张定安，谭功荣．绩效评估：政府行政改革和再造的新策略［J］．中国行政管理，2004（9）：75-79．

估项目资料，发现部分地区的绩效评估项目之间存在较高的重复率，如考核方案、指标体系、结果运用方法等。这说明，在整体存在差异的同时，部分地方政府没有根据当地政治、经济、社会的实际情况设计政府绩效评估方案和指标体系，其做法存在一定程度的生搬硬套、照抄复制等现象。以上种种现象和问题，都让我们再次回到本书的中心问题上：当前"模式壁垒"问题会存在的根源在哪儿？究竟怎么样的地方政府绩效评估模式才是符合当今中国现实的最佳选择？

  对此，政治锦标赛理论给出了问题的答案。就中国政治体制而言，上级政府基于中央政策的核心要求所形成的政策偏好时刻制约着本级政府，深度影响了本级政府在政策的制定、出台和实施中的功能定位。政府绩效评估如就本级政府对下级政府及其官员组织的绩效评估（中华人民共和国成立以来的干部考核，改革开放后的目标责任制、效能建设、社会服务承诺制、公众评议）而言，在锦标赛体制的无形影响下，作为赛事组织者的本级政府根据政治忠诚、经济增长、社会稳定、辖区民意等不同的功能定位，确立了不同的评估方案和指标作为竞赛的标准，构建了截然不同的评估模式，进而导致了问题和后果。因此应当看到，在各地政府绩效评估制度安排、机制设计和技术运用的"壁垒"背后，隐藏着一个关键的因素，即评估的价值取向与功能定位。对"模式壁垒"问题的探究，需要从政府绩效评估的起点——价值取向与功能定位出发，一一辨明。关于中国地方政府绩效评估的功能定位与在其影响下出现的评估模式分化，本书将在下一章中进一步进行详细的分析阐释。

第四章 价值取向与功能定位："模式壁垒"问题的根源

"模式壁垒"问题的形成及其后果的出现，最终引出了本书研究的中心问题：中国地方政府绩效评估"模式壁垒"问题的根源在哪儿？如何解决？著名学者哈耶克在其《通往奴役之路》一书中指出，"观念和意志的力量，塑造了今天的世界"，就政府绩效评估而言，这种"观念和意志的力量"表现为评估的价值取向与功能定位。本书已经对地方政府绩效评估要素进行了界定，指出就对评估的不同影响程度而言，政府绩效评估的要素包括作为功能要素的价值取向与功能定位（观念）与制度安排、机制设计及技术运用（做法）等结构要素。其中，地方政府绩效评估的价值取向与功能定位是指地方政府绩效评估组织机构基于一定的价值理念对评估的功能定位，直接决定了评估机构和人员的做法，是评估的关键核心；地方政府绩效评估的制度安排、机制设计及技术运用则体现了各地评估的具体方式，是评估的主要内容和结构要素。应当看到，价值取向演变下功能定位的分化是造成模式壁垒问题的根本原因。换言之，观念决定了做法，进而影响了效果（模式有效性及其局限性）。

作为政府绩效评估的理论灵魂、结构本质与判断标准，价值取向与功能定位内含着政府绩效评估的目的，决定了政府绩效评估的结构，影响着政府绩效评估的运行。因此本书认为，各地评估实践中价值取向与功能定位的不同是模式差异形成的根源，正是由于价值取向与功能定位的不同，造成了模式差异的本质差异。在不同的价值取向与功能定位下，政府本位评估模式与社会本位评估模式的核心功能表现为工作推动与客观评价的不同，两类模式采取的制度安排、机制设计及技术运用也呈现出明显的差异，表现出了不同的有效性及局限性，最终形成了评估模式的差异。本章拟从"观念—做法—效果"的逻辑出发，通过考察长期以来中国地方政府绩效评估价值取向的演变,探究评估价值取向与评估模式功能定位的分化,揭示政府本位评估模式和社会本位评估模式差异的根源所在。

第一节　政府绩效评估的灵魂:价值取向与功能定位

作为理性层面的行为取向,价值取向是评价主体对社会行为组织的目标和方向的基本价值判断、价值确认和利益选择。[①] 在政府绩效评估领域,作为一切评估内容和行为的核心,价值取向与功能定位具有"无形的力量"和极其关键的地位和作用,贯穿于整个政府绩效评估的全过程,直接决定了地方政府绩效评估的功能定位,深刻影响着地方政府绩效评估模式的结构和运行,对评估具有巨大的制约作用,是地方政府绩效评估的核心与灵魂所在。

西方学者认为,基于评估的不同目的,政府绩效评估的决策者、组织者应当选择不同的评估体系,但一致的评估目的有利于增强评估的有效性。因此,在政府绩效评估的组织、实施、运行与结果运用之前,首要的问题就是明确政府绩效评估的价值取向和功能定位所在,即政府绩效评估有何种目的、功能,促进何种价值的实现?通过价值取向与功能定位的明确,以此来进一步探索影响和制约地方政府绩效评估的结构和运行,进而深入研究地方政府绩效评估的内在逻辑与规律,科学构建地方政府绩效评估体系,有效进行地方政府绩效评估的实践。[②] 应当看到,一方面,价值取向与功能定位决定着政府绩效评估的评估目的;另一方面,价值取向与功能定位还决定了政府绩效评估的结构,除了能够稳定地方政府绩效评估的结构体系之外,还能够变革地方政府绩效评估的结构体系;另外,价值取向与功能定位也在影响着政府绩效评估的运行。

总而言之,作为地方政府绩效评估的灵魂与核心,价值取向与功能定位直接制约着评估的组织、设计、实施、运行、结果运用等各个方面。对于理想状态的地

[①] 谢志贤.政府绩效评估有效性问题研究——以吉林省政府绩效评估为个案 [D].吉林大学博士学位论文,2010.

[②] 彭国甫.价值取向是地方政府绩效评估的深层结构 [J].中国行政管理,2006(11):18-20.

方政府绩效评估应当秉持何种价值取向,本节只是进行了初步的探索。从实践层面来看,价值取向的落实与功能定位的凸显,内化于政府绩效评估的结构和运行之中,体现在政府绩效评估的制度安排、机制设计和技术运用等各结构要素层面。

第二节　工作推动与客观评价:功能定位差异下"模式壁垒"的形成

作为政府绩效评估的核心和灵魂,评估的价值取向和功能定位深刻影响着政府绩效评估的结构和运行。就历史发展而言,政府绩效评估的价值取向与功能定位根源于绩效评估的发展之中,最早萌芽于西方国家对企业等私营部门的管理和运营理念中。20世纪早期,美国率先将绩效评估的相关理念引入政府管理领域,1906年纽约市政研究院的绩效评估实践即是其中的典型代表。自20世纪中期新公共管理运动兴起以来,以市场化作为主流价值导向的政府绩效评估进一步发展成为改革官僚制、提升政府绩效的有效手段和工具,在西方发达国家得到了持久而广泛的推广和应用,并且日益形成成熟而规范的普遍做法。随着时代的变化,政府绩效评估的价值取向与功能定位也在通过不断的调整而发生着变化,这种变化对政府绩效评估本身产生了巨大的影响,最终造成了评估模式差异的产生和模式壁垒现象的出现。

结合中国地方政府绩效评估差异的历史脉络可以发现,在不同的价值取向引导下,政府本位与社会本位两类模式在功能定位上呈现明显的分化,表现为工作推动型的"政府本位"与客观评价型的"社会本位"的不同。自改革开放以来,中国地方政府绩效评估价值取向经历了由单一的经济增长向平衡发展的演化,而各类评估模式的功能定位也因而完成了由单一的工作推动向工作推动与客观评价并举的转变。由于政府本位和社会本位是评估目的即功能定位不同造成的,因此在主观或客观上不可避免地带来了差异,在现有手段无法解决这种差异所带来的问题时,"壁垒"和"鸿沟"的问题便因此出现。应当看到,随着时代的进步,地方政府绩效评估的价值取向与功能定位也在发生着变化。当前,党和国家将科学发展观、和谐社会、服务型政府等管理理念作为指导我国政府管理各领域的根本原则,要求各地在发展中实现政治、经济、社会、文化与生态文明的平衡发展①,这为我国地方政府绩效评估的价值取向与功能定位指明了方向。

一、政府本位评估模式：以工作推动为核心功能

就功能定位而言,作为一种以工作推动为主要目的评估模式,政府本位评估聚焦于各项工作任务下政府自发形成的需求,其主要功能在于推进政府的各项工作。从实际操作的角度来看,政府本位评估的特征与定位与第三方评估专业评估显然是不同的,其形式上大多为上级对下级的评估,其评估的组织和实施机构一般是现有的职能相近的或临时设立的机构,其根本目的和出发点是推动政府各类工作和年度任务的完成,实际上是一种通过逐项分解本级政府在经济增长、市场监管、社会管理、公共服务、平衡发展等方面的各项工作任务,转化为可量化的指标配发给各下级政府,进而依据任务和指标的完成程度对下级政府及相关责任群体进行的考核。②

1978年党的十一届三中全会的召开,是党和国家历史上具有里程碑意义的关键转折点。本次会议以及其后多次会议的召开,陆续确立了"经济增长"和"市场经济"等理念,进而,以应用性为优先价值取向、以工作推动为核心功能的政府本位模式经过萌芽和发展,逐步成长为中国地方政府绩效评估的主流模式。

二、社会本位评估模式：以客观评价为核心功能

在政府本位模式不能科学、客观、准确地评价地方政府绩效,难以实现对工作的有效推动、无法从根本上解决政府自身问题时,以第三方评估为主要代表的社会本位模式便应运而生。通过之前章节对社会本位评估模式的表述可以发现,作为一种以客观评价为主要目的的评估模式,社会本位评估模式存在公众评议、委托第三方评估以及独立第三方评估等多种表现形式。

---

① 时影．绩效评估与当代中国地方政府行为 [M]．南昌：江西人民出版社,2016．
② 负杰．中国地方政府绩效评估报告 No.1 [M]．北京：社会科学文献出版社,2017．

第四章 价值取向与功能定位："模式壁垒"问题的根源

应当看到，21世纪以来，随着我国政社职能的不断更新完善，政府管理的价值取向发生了变化。在"社会参与"和"公民意识"等价值引导下，在科学发展理念的进一步完善下，以科学性为优先价值取向、以客观评价为核心功能的社会本位模式开始发端并不断成长，逐步成长为中国地方政府绩效评估的重要模式。

通过对中国地方政府绩效评估差异的根源分析可以发现，作为赛事组织者的本级政府推行绩效评估具有多方面的动机，其中一个重要方面在于：本级政府的领导人将政府绩效评估作为一种工作推进的抓手，以达到并完成上级政府的要求和任务，提升自身在这场地区内存在潜在竞争关系的官员群体所参与的赛事中的排名，进而增大自身晋升的可能性。随着经济社会的发展、政治形势的变化以及公民意识的觉醒，作为赛事组织者的上级政府开始陆续摒弃"GDP至上"的观点，在赛程里逐步增加了经济增长之外的政治忠诚、社会稳定、公众满意等部分。但由于各地的政治、经济、社会形势不同，其领导层对下级政府的核心要求和考核标准（"赛程"）也有差异，比如经济落后地区的政府相比经济发达地区的政府可能更为关注经济绩效，而社会组织较为活跃地区的政府则可能更为关注政府绩效评估中社会力量的参与度。由此，在初期较为单一的目标责任制、效能建设、公众评议等做法的基础上，各地在评估中的做法分化形成了不同的模式，以适应赛程变化的现实需要，而在这种分化的过程中，模式的差异也就逐渐显现出来了。

应当看到，自党的十八大以来，地方政府绩效评估模式的价值取向正在经历新一轮变革，这在一定程度上要求对政府绩效评估模式做出进一步的改进与完善。本书第五、第六、第七章将通过对两类模式所表现出来的有效性及其局限性的梳理和分析，进一步挖掘在新的价值取向下地方政府绩效评估模式的发展方向。

第三节 两类评估模式的有效性及其局限性

通过前文分析应当看到，政府本位评估模式以应用性为优先价值取向，以工作推动为核心功能,其根本目的在于全方面推进政府的各项工作。相比之下,社会本位评估模式则以科学性为优先价值取向,以客观评价为核心功能。当前,社会本位评估模式由于其新颖的概念和创新的指向得到了很多学者的大力提倡。结合前文中对"模式壁垒"三个层面的梳理,本章将继续从制度、机制和技术三个层面梳理中国地方政府绩效评估中两类评估模式的有效性及局限性,其中,制度层面主要关注法律法规和组织结构的问题,机制层面主要关注评估模式运行的流程与运行效率等问题,技术方面主要考察政府绩效结构、指标以及数据源在内的技术路线的问题。

一、政府本位评估模式的有效性及其局限性

通过分析评估模式差异的根源——价值取向与功能定位可以看到,在功能定位的分化之下,由于评估目的及客观条件不同,政府本位评估模式与社会本位评估模式存在巨大的差异,其有效性及局限性也各不相同。其中,作为在过去和当前都发挥着重要作用的一类评估模式,政府本位评估模式存在一定的有效性,但由于其本质上的内在机理和运作方式的局限性,其劣势也正日益凸显。随着中国政府职能的不断转变,以社会为评估主体的评估模式正显现出越发重要的作用与地位。可以看到,政府本位评估模式中诸多问题的存在,都要求政府决策者和评估组织者尽快实现理念的更新,其中,借鉴社会本位评估模式的优势,探索规避自身劣势的途径,尤其是改善评估主体的单一状况,积极引入第三方评估中的专家角色,将成为完善政府本位评估模式的有效途径。

(一) 政府本位评估模式的有效性

目前,我国适应于实践应用的评估还主要集中在政府系统内部的政府本位评估模式中。自改革开放之后,我国各地政府绩效评估就一直被作为一种进行政府内部管理的工具和手段,其评估主体也一直是政府自身。可以发现,政府本位评估模式适用于对政府各项实际工作的运转以及政府管理过程中所形成的成本、效益等方面的评估,其存在与当前的地位具有一定的合理性,即使在英、美等发达

第四章 价值取向与功能定位:"模式壁垒"问题的根源

国家的政府绩效评估中,占据主导地位的也是这种评估模式。应当看到,在以政府作为单一主体的状态下,政府绩效评估的根本目的在于加强政府组织的内部管理,这使绝大部分下级政府和官员的作为都以让上级满意为首要目标,这在一定程度上能够利用政府强大的行政力量推动评估的实施,而其紧密结合实际的评估流程设计也往往具有较高的效率,数据采集也比较顺畅,能够有效地实现评估的目的。

总的来看,政府本位评估模式的有效性表现为三个方面:一是行政力量坚实有力确保评估组织高效,二是流程设计清晰明确确保评估运行可靠,三是数据采集成本较低确保评估实施顺畅。首先,行政力量坚实有力确保评估组织高效。应当看到,在中国"单一制"的政治体制下,政府本位评估模式所存在的弊端虽然众多,但单就评估的实施效率来看,作为"一把手工程",以政府作为评估主体,确实给评估的实施提供了强大的推动力[①]。其次,流程设计清晰明确确保评估运行可靠。在政府本位评估模式中,流程设计的清晰明确确保了评估运行的可靠。通过调研发现,基于对自身机构与人员的感受、认识与了解,政府在其主导实施的政府本位评估中,往往能够紧密结合其下辖各级政府与部门工作的现实情况,设置较为合理的评估流程,这在很大程度上为评估带来了较高的效率。最后,数据采集成本较低确保评估实施顺畅。作为由政府主导的评估模式,政府本位评估模式的采集、获取成本是比较低的。但是,政府本位评估的数据采集同样存在着部分不容忽视的问题,如"数据鸿沟""人情债"等。可以看到,在当前信息化突飞猛进的大背景下,我国学术界和实务界也正在持续推进管理科学化进展,并在电子政务、大数据及相关的计算机辅助软件等领域的研究中不断取得新的突破,深入推动政府绩效评估数据采集的进一步完善。

(二)政府本位评估模式的局限性

作为以政府作为单一的评估主体的自内而外的评估,政府本位评估模式的科学性、独立性、客观性不足,存在制约其有效性的诸多问题,在一定程度上有悖

[①] 闫帅.政府绩效评估的主体选择困境——兼论政府本位和社会本位评估模式的有效性与有限性[J].天津行政学院学报,2012,14(3):66-71.

于评估的原则，甚至有走向消极的趋势。总的来看，政府本位评估模式的局限性包括三个方面：一是行政力量过度干预导致评估行为扭曲，二是评估参与群体单一导致评估结果失准，三是指标设计问题众多导致评估意义不足。

首先，行政力量过度干预导致评估行为扭曲。从评估结果中找出差距，进而总结经验，最后提升政府绩效，这是绩效评估的最终目的。政府本位评估模式的主要目的在于控制下级政府，推动其工作进行。但是，在行政力量的过度干预下，各地政府绩效评估结果的运用同样存在很大问题，如评估主体与评估对象之间的受贿、索贿等"寻租"现象的存在，评估标准的"一票否决"，评估标准制定中的"一言堂"，诸如此类的"异形化""运动式"评估普遍存在。另外，部分组织领导人对结果运用不够重视，"评好评坏一个样"等现象也呈现普遍化的存在①。其次，评估参与群体单一导致评估结果失准。应当看到，由于政府本位评估模式的组织领导方式具有浓厚的官僚色彩，难免让人质疑评估的真实性、客观性与准确性。另外，部分地区在评估实践的各个层面中，普遍存在弄虚作假现象，任意篡改数据、滥竽充数的问题层出不穷。以上问题的存在，都使评估结果难以令外界信服。最后，指标设计问题众多导致评估意义不足。当前在技术层面，政府本位评估模式存在的突出问题是评估技术方法较为落后。使得评估模式呈现出较低的实用价值，不利于与政府绩效评估的进一步发展。当前，各地政府绩效评估指标在其他层面上也存在着形形色色的定位偏差，如评估指标的设计过粗或过泛，难以准确、全面地发挥评估的作用，实现评估的目的；政府综合绩效、部门绩效以及人员绩效三者的评估标准存在逻辑混乱，结果指标和过程指标也存在混用的情况，相互之间难以区分；指标设计中偏重于总量和存量指标，对人均和增量指标的关注度不足；指标设计缺乏可调整的余地，灵活性不足，难以对政府自身形成激励等②。

为了进一步挖掘政府本位评估模式的局限性，本书对A、B、C三个地区的政府及其部门绩效评估项目进行了实地调研。调研发现，在评估指标的设计中，A政府、B政府、C政府制定的评估标准都不同程度地缺乏激励性，存在评估标

---

① 董静. 政府绩效评估理论研究与模式分析 [D]. 兰州大学博士学位论文，2012.
② 负杰. 中国地方政府绩效评估：研究与应用 [J]. 政治学研究，2015（6）：76-86.

准过高或者过低，对评估对象缺乏区分度，难以达到评估的真正目的。以 A 政府办公厅等部门的三级指标"请示办理"为例，其评估内容设定为"及时办理基层请示，向基层调查核实确定得分"，核实依据设定为"局长肯定性批示"，此类指标的设置缺乏量化，上级领导只能凭文件和印象进行打分，因此往往会在搞平衡的心理作用下给绝大部分部门满分。再以 B 政府机关党委的三级指标"党员发展与管理工作"为例，对于"发展党员的程序符合规定"的评估内容，将打分标准设置为"材料不全每人扣 1 分"，这个指标在区分度上很小，将其列入指标体系显然缺乏一定的考量。再以 C 政府某派出所的三级指标"行政拘留数"为例，该局设置了 109 起/年的年度目标值，将无法预知的行政拘留数纳入评估体系，在实际效果上往往造成民警为完成任务而挖空心思，甚至出现侵害民众合法权利的情况，这与绩效评估促进社会稳定的追求相悖，从评估要达成的提高行政效能的目标上看缺乏现实意义。

二、社会本位评估模式的有效性及其局限性

应当看到，作为新兴的一类地方政府绩效评估模式，社会本位评估模式存在一定的有效性，同时也存在无法回避的问题：一方面，目前中国政府绩效评估的社会本位评估模式还处在萌芽和起步阶段，依然存在大量尚未解决的关键性问题；另一方面，由于社会本位评估模式内部存在性质、形式不同的各类做法，因此我们在对其研究时必须理性地予以细化分析。

（一）社会本位评估模式的有效性

简言之，社会本位评估模式的有效性主要表现为三个方面：一是行政力量干预较少确保评估行为规范，二是外部力量参与评估确保评估结果可信，三是指标设计科学性强确保评估实施专业。

首先，行政力量干预较少确保评估行为独立。社会本位评估作为政府外部的独立评估主体，其所涉及的公众与第三方等评估主体处于较少受政府因素干扰的环境之中，因此往往能够在较大程度上形成社会认可度较高的评价标准，这赋予

了社会本位评估结果的较强可信度。其次，外部力量参与评估确保评估结果可信。"万人评议机关"等公众评议的典型做法，以及兰州大学、华南理工大学、中国社会科学院等学术机构所进行的第三方评估，不但促进了公众参政议政力度，也在很大程度上加强了政府绩效评估结果的可信度，形成了对政府本位评估模式的显著优势。最后，指标设计科学性强确保评估实施专业。在以客观评价为核心的指向之下，社会本位评估模式的指标体系科学性较强。另外，就第三方评估而言，由于学术机构所具备的较强的专业能力，大大地加强了评估结果的专业性。

（二）社会本位评估模式的局限性

应当看到，作为部分学者眼中政府绩效评估中"最小的驱动力量"，公众与社会在政府绩效评估中作用的发挥仍存在很大的局限性，由其构成的社会本位评估模式也存在诸多问题和挑战，主要包括三个方面：一是人力资金保障不足导致评估组织低效，二是独立地位难以保证导致评估结果存疑，三是数据采集成本较高导致评估实施困难。

首先，人力资金保障不足导致评估组织低效。当缺乏足够保障时，社会本位评估模式的运行效率会显著降低。其次，独立地位难以保证导致评估结果存疑。在社会本位评估模式中，评估主体仍然难以完全脱离政府和个人的主观影响，受到的影响过大时易走向扭曲。其中，作为由政府发起并组织的评估方式，公众评议与委托第三方评估，公民的权力及影响仍是有限的。比如，作为政府管理机制的一个组织部分，公众评议做法仅仅是将公众的意见吸收进政府内部决策中，结果是否运用、如何运用取决于政府，即使在以"兰州模式"为代表的委托第三方评估方式中，也往往是由当地的政府领导人事先授权给关系密切的第三方学术机构，并在政府相关部门的支持配合下展开评估的，政府和个人对评估的主观影响显而易见；相比之下，像独立第三方评估这种由社会力量独立担负评估组织的实践方式仍然较为少见，而且这种独立评估的结果发布也往往要受到政府相关部门的限制与约束。最后，数据采集成本较高导致评估实施困难。数据采集是社会本位评估模式在技术层面面临的关键问题。就第三方机构所组织的政府绩效评估而言，应当看到，目前许多第三方评估项目之所以难以推进或持续下去，数据采集方面的问题是其中的重要因素:一方面,由于涉及工作量较大的问卷调查和数据处理,评估周期较长,因此很难展开大范围的第三方评估;另一方面,即使是目前少数几个采用客观性技术路线的评估案例,也大部分为了便于评估而呈现出指标设计过少过粗、数据来源单一等问题,严重影响了评估的科学性,或者在评估指标设计时忽略了数据采集的问题,从而导致后期在获取客观数据方面的困难,最终使评估结果成为摆设。以上问题的存在,都对政府绩效评估提出了严格的要求。[1]

需要特别指出的是,在深入分析当前第三方评估在数据采集中面临的诸多困难时可以发现,其根本原因在于各个学术机构对政府绩效结构的研究不够重视,缺乏成熟的绩效评估技术方法。一方面,当前政府绩效评估领域的基础研究薄弱,关于政府绩效结构及与之相联系的当代政府职能理论的研究不够深入。就当前而言,我国政府和学术机构对政府绩效结构研究都明显缺乏足够的重视,对我国政府职能的专业化研究严重不足,缺乏在本领域进行顶层设计的学术意识,现有的少量实践与研究也长期处于较低水平,应用价值不高,社会认同度较低,要么由于缺少坚实的理论支撑而呈现专业性不足,要么由于脱离我国政府管理的现实而缺乏实际价值。就上述问题的原因而言存在以下四个方面问题:一是政府和学术机构对政府与市场的界限研究不足,使其研究成果难以体现出当前我国政府管理对政府绩效评估的实际要求;二是对政府对外管理职能和内部管理职能的差异研究不足;三是对国内外政府职能的差别研究不足,大部分地方政府和学术机构依旧习惯于照搬西方发达国家的成套理论框架,而缺乏对当前我国政府职能状况的深入思考;四是在实践与研究中缺乏足够清晰的定位和思路,未能依据政府绩效结构设置清晰的指标层次,在横向和纵向的指标层次上呈现较为混乱的逻辑关系,进而难以有效地对政府绩效评估进行科学化的指导。另一方面,当前学界缺乏成熟的绩效评估技术方法,未能深入挖掘政府绩效评估的基本技术路线。为了降低数据采集的难度和成本,部分学术机构在指标设计中大量采用主客观指标相结合的方式,本书认为这种做法存在诸多难以解决的本质性问题,需要慎重考

---

[1] 负杰.中国地方政府绩效评估:研究与应用[J].政治学研究,2015(6):76-86.

虑。应当看到，主观指标的使用固然可以回避难以获取的数据，同时契合政府绩效评估主体的多元取向，但其自身也存在当前阶段难以解决的大量问题，主要体现在以下四个方面：一是主客观指标之间在评估标准和评估结果上往往存在根本上的冲突，这使评估组织者难以自圆其说；二是主观性指标的设计中存在较强的随意性，且指标易受政府政策和重点工作变动以及突发事件的影响，这都降低了主观性指标的科学性、灵活性和实效性；三是主观性指标的数据采集方式大多是使用调研等面对面的方式，这种方法不但降低了评估本身的客观性，也大大增加了数据采集的人力、物力、财力与时间成本，不利于政府绩效评估的连续性，评估结果的科学性不高；四是主观性指标基本上难以进行重复检验，其形成的研究成果也严重缺乏可信度。①

---

① 贠杰. 中国地方政府绩效评估：研究与应用 [J]. 政治学研究，2015（6）：76-86.

第五章 科学性与应用性：政府绩效评估模式融合及其方向

通过前文的归纳和分析可以发现，无论政府本位的评估模式，还是社会本位的评估模式，都是有效性及局限性共存。这似乎给我们带来了很大的困惑：以政府为主体的政府本位评估模式关注现实却缺乏足够的科学性，以社会为主体社会本位评估模式较为科学却与现实存在脱节。政府本位与社会本位评估模式的诸多有效性及局限性，都要求我们进一步探索研究政府绩效评估模式的发展方向。未来如何实现扬长避短，把着力点放在何处，都需要我们进一步认真思考。

当代西方政府职能理论认为，民主政府的好坏，不仅在于其是否能回应公民的呼声，而且也在于其能否将这种回应落实为有效的行动，也就是说，一个好政府应当兼具高回应和高效率的特征。这或许能给我们带来一定的启发。应当看到，当前中国地方政府绩效评估的根本问题在于其在理论与现实的双重标准下未能达到足够的平衡，无论政府本位还是社会本位，都未能找到一个合理有效的均衡点，部分实践甚至走向了一元化的极端。因此，在地方政府绩效评估的未来发展中，应基于科学发展观对政府绩效评估的内在要求，中国地方政府职能结构的现实基础，以及当前中国社会主要矛盾的转化，紧密结合"工作推动"与"客观评价"两种功能定位，加强评估的规范化和法制化运作，确定政府主导下以公众参与为核心的多元评估主体，实现政府绩效结构和指标体系在内的技术路线创新，多措并举，构建科学性与应用性并举的中国地方政府绩效评估模式，走出一条模式融合的应然之路。①

---

① 闫帅. 政府绩效评估的主体选择困境——兼论政府本位和社会本位评估模式的有效性与有限性[J]. 天津行政学院学报, 2012, 14 (3): 66-71.

第一节　中国地方政府绩效评估模式融合的必要性

中国各地政府绩效评估模式壁垒的存在，对各地政府绩效评估的发展形成了多重阻碍。基于对政府本位评估模式和社会本位评估模式的有效性及局限性的分析可以看到，进行合理、有效的评估模式融合，既有利于加强地方政府绩效评估的科学化，科学、客观、准确地评价地方政府绩效，也有利于促进地方政府绩效评估的标准化，推动各级政府间的相互学习和借鉴，还有利于推动地方政府绩效评估的公开化，为公众对政府的了解和监督提供有效的渠道。本节将结合"模式壁垒"的多重后果，分析模式融合的必要性，指出模式融合是当下中国地方政府绩效评估模式发展的必然选择。

一、模式融合的实施有利于加强地方政府绩效评估的科学化

合理、有效的模式融合有利于科学、客观、准确地评价地方政府绩效。"模式壁垒"的存在影响了中国地方政府绩效评估模式的统一，阻碍了地方政府在绩效评估模式上的自我完善，不利于科学、客观、准确地评价和比较地方政府绩效。通过有效的模式融合，能够促使各级地方政府深入进行政府各类工作的整合和资源的重新配置，进一步提升政府绩效评估在纷繁复杂的各类政府工作中的地位，加强其自我完善的动力和权限。总而言之，通过有效的模式融合，能够使各地实践脱离故步自封、停滞不前甚至退化的怪圈，加强人力、物力、财力等资源的配置效率，提升政府绩效评估组织者和参与者的工作热情，进而加强地方政府绩效评估本身的实际意义。

二、模式融合的实施有利于促进地方政府绩效评估的标准化

合理、有效的模式融合有利于各级政府间的学习和借鉴。在当前各类地方政府绩效评估实践中，一方面，各地的做法差异巨大，难以通过客观对比分辨优劣，而上级政府也难以在这种鱼龙混杂的状况下准确判断各类评估模式的优

劣，进而使优质模式的普遍推广呈现出很大的难度，使有效的政府绩效评估模式的普及成为难题，从而进一步扩大了国内地域间政府绩效评估能力的差距，减慢了国内地方政府绩效评估的整体前进步伐。另一方面，通过有效的模式融合，能够在群体层面加强各地实践做法的统一性与可比性，既使各地政府之间能够相互借鉴优劣并改进完善以脱离停滞不前的困境，又能为上级政府提供模式对比的有效路径，降低优质模式的推广难度，从而为进一步深入发展政府绩效评估铺平道路。

三、模式融合的实施有利于推动地方政府绩效评估的公开化

合理、有效的模式融合有利于公众对政府的了解和监督。在当前状况下，各类做法和模式的评估标准不同和指标不一，存在全方位的差异，使公众和社会既难以准确地比较和评价各个地方政府的绩效，也难以有效地完成对政府的监督，进而阻碍了我国服务型政府建设的进一步推进和落实，也有悖于民主政治的改革方向。通过有效的模式融合，能够给予社会和公众公开性、可比性的标准和指标，使其能够根据评估内容和结果，较为深入地了解政府系统的实际运作，更好地完成对政府运行的监督，进而对政府改进和完善相关体制机制起到有效的促进作用。

第二节 中国地方政府绩效评估模式融合的可行性

就中国地方政府绩效评估模式而言，模式融合的发展路径不仅是理论上的必然选择，其在现实条件中也具有较强的可行性。应当看到，就地方政府绩效评估发展方向而言，在当前中国社会主要矛盾发生重大转化、科学发展理念逐步明确的时代背景下，以中国地方政府职能同构性为现实基础的模式融合具有充分的可行性。本节基于对评估模式融合必要性的认识，结合第五章和第六章对政府本位评估模式和社会本位评估模式有效性及局限性的分析，进一步指出了中国地方政府绩效评估模式融合的可行性。

一、中国社会主要矛盾的转化为模式融合提供了时代契机

党的十九大报告明确指出,中国特色社会主义进入新时代,我国社会主要矛盾已经转化为人民日益增长的美好生活需要和不平衡不充分的发展之间的矛盾,同时,要在未来继续坚持以人民为中心的发展思想,不断促进人的全面发展、全体人民共同富裕。当前,一方面,社会公众对民主、法治、公平、正义、安全、环境等方面的要求日益增长,另一方面,我国社会生产力水平和生产能力的发展不平衡不充分,这两方面因素的存在,形成了我国社会当前的主要矛盾,对党和国家的工作提出了迫切的现实要求。通过党的十九大报告对我国社会主要矛盾的表述应当看到,当下政府管理领域问题的处理,应以"发展不平衡不充分问题"为着眼点,着力提升发展的"质量和效益"。就政府绩效评估而言,评估模式的差异乃至模式壁垒的存在,即政府管理领域的一大"发展不平衡不充分问题"。通过合理、有效的模式融合,解决这类问题,提升政府管理的"质量和效益",符合党和国家的根本利益。由此可以看到,中国社会主要矛盾的转化为模式融合提供了难得的时代契机。

二、逐步明确的科学发展理念为模式融合明确了发展方向

在推进国家治理体系和治理能力现代化战略目标的时代背景下,为了贯彻落实科学发展观,树立科学的政绩观,适应当前我国政治经济的新环境与社会主要矛盾的变化,完善改进地方政府绩效评估模式具有重要意义。党的十六届三中全会第一次提出了我国各领域建设和发展中所应遵循的根本原则——科学发展观,其核心内容表述为"坚持以人为本,树立全面、协调、可持续的发展观"。2012年党的十八大报告中明确提出要"创新行政管理方式,提高政府公信力和执行力,推进政府绩效管理";2013年6月习近平总书记明确指出,要进一步改进考核方法、手段,将民生、生态等指标落实到考核之中;2013年11月党的十八届三中全会再次要求,要"完善发展成果考核评价体系,纠正单纯以经济增长速度评定政绩的偏向"。科学发展理论的不断发展完善,体现了党和国家通过改革开

放之后长期以来的社会主义现代化建设，对国家各领域发展规律的更高层次的认知，也为我国政府在各领域的工作指明了方向。

应当看到，随着党中央对科学发展理论的不断明确，我国政府管理的价值取向与政府绩效评估的功能定位也在逐步清晰。作为一个社会主义国家，我们追求的终极目标是共同富裕，共同富裕目标的实现必须要建立在公平与效率的基础之上。随着中国特色社会主义理论的不断完善，政府管理的价值取向已经逐渐摆脱长期以来的经济绩效主导一切，而逐渐转向了公平与效率并重。在这种背景之下，我国政府绩效评估的功能定位也随之发生着变化，由过去对经济绩效的过度追求转向注重以人为本的全面、协调、可持续发展。

就科学发展理念的落实而言，关键是要在政府管理的实践中树立正确的政绩观。作为政府绩效的理念基础和政府绩效评估的价值来源，政绩观是政府管理领域科学发展观的落实，直接反映了政府及其领导人在政府管理中的价值取向，决定了各地各领域的实际发展方向。正确政绩观的建设，应在明确政府绩效的内涵、对象及范围的基础之上，紧密结合科学发展观的要求推进。应当看到，科学发展理念的不断明确为当前我国政府管理与地方政府绩效评估明确了所应当坚持的价值取向与功能定位。因此，在未来的地方政府绩效评估实践中，应在科学发展观的要求下，进一步明确公平与效率并重的价值取向，以及科学性与应用性兼具的功能定位，将科学发展观深入落实到评估的制度、机制及技术等各层面，从根本上提升政府绩效评估的效果。[①]

三、中国地方政府职能同构性为模式融合奠定了现实基础

政府绩效的实质就是政府职能的履行情况，全面而准确地反映出政府履职情况和效果，是对政府绩效评估的内在要求。因此，中国地方政府绩效结构的构建必须基于当前我国的政府职能结构，体现出政府职能的实际运行情况。应当看到，由于职能结构差别过大的地方政府之间缺乏足够的可比性，这也要求地方政府绩效评估必须以职能同构性作为前提和基础。

---

① 钟海. 政府绩效评估之有效性研究 [D]. 南昌大学硕士学位论文，2007.

就地方政府职能结构而言，单一制国家和联邦制国家存在明显区别。首先，在美国等典型的联邦制国家中，由于各个地方政府在行政区域位置、财政状况、种族特征、经济规模、产业结构、城乡比例等方面差别较大，联邦政府剩余权力所分配给各个地方政府职能的属性、类别和侧重点也因此互不相同；另外，在严格的预算约束下，各个地方政府也存在不同的施政目标，各个地方政府的政府职能侧重点不同，部分职能被弱化甚至忽略。应当看到，在各种条件的综合作用下，单一制国家的政府绩效结构存在较大差异，不具有可比性。相比之下，在中国等典型的单一制国家中，各个地方政府的职能结构具有十分明显的相似性，使其政府绩效结构也具有一致性的特征，这就为客观比较各个地方政府的绩效提供了充分的可行性，也为政府绩效评估各类模式的融合奠定了客观的基础。①

第三节　中国地方政府绩效评估模式融合的应然走向

结合两类模式的有效性及局限性，本书认为，基于科学性与应用性的模式融合是解决"模式壁垒"问题的有效途径。如前文所述，各类因素的存在，都在不同程度上促成了中国地方政府绩效评估的困境。未来，在政府绩效评估的深入探索过程中，应扬长避短，将两类模式的优点融入评估实践之中，使绩效评估走上科学性和应用性并举之路，这是改革的可循之道。应当看到，中国地方政府绩效评估的改善需要从观念抓起，在这其中，关键是要摒弃以往政府观念中"以我为主""大包大揽"的观念和做法，探索工作推动型的"政府本位"与客观评价型的"社会本位"两类价值取向的有机融合，引入"第三方评估"，进而通过引入更为多元性的评估主体参与，创新性地深入提升评估标准的激励性，同时加强评估数据的准确性，进而形成评估结果的公信力。基于对中国地方政府绩效评估模式融合的可行性的研究，本节从功能、制度、机制及技术等评估的四个要素层面指出了模式融合的应然走向。其中，在功能层面应明确科学性和应用性兼具的

---

① 负杰．中国地方政府绩效评估报告 No.1 [M]．北京：社会科学文献出版社，2017．

评估模式功能定位,在制度层面应加强政府绩效评估的规范化、法制化运作,在机制层面应确定政府主导下公众参与为核心的多元评估主体,在技术层面应实现政府绩效结构和指标体系在内的技术路线创新。

一、功能层面:明确科学性和应用性的双向评估定位

在当前的地方政府绩效评估的功能定位确立过程中,各级政府领导人尤其是"一把手"的高度重视与大力支持是各因素中的关键因素。一方面,内力驱动型的政府绩效评估很容易沦为政府领导人追求个人政治目的的赌注,其"运动式""短视性""控制型""一票否决制"等内在与外在的特征,都在根本上背离了现代国家公共管理的要求,与新公共管理、新公共服务的框架内涵都相去甚远,也远远无法体现我国国家治理体系与治理能力现代化建设的要求。另一方面,领导者政策偏好的频繁变更以及领导者人选本身的频繁变更,将直接导致评估方案频繁修改甚至"推倒重来",加大了评估方案和指标上的短缺性与重复性,难以保持一致性与稳定性,在这种状况下,评估流程将难以体现评估的功能定位,评估结果也很容易被束之高阁。以上问题的存在,都将严重损害地方政府绩效评估的连续性,大大增加评估的制度化和规范化难度,最终拉低评估的实际效果。

因此,在中国地方政府绩效评估的价值层面,应结合工作推动型的"政府本位"与客观评价型的"社会本位"两类价值取向,明确基于科学性和应用性的评估模式功能定位。中国地方政府绩效评估模式功能定位的科学性,表现为社会本位评估模式的客观评价型特征,偏重于政府绩效评估对政府工作的客观、准确的评价;中国地方政府绩效评估模式功能定位的应用性,表现为政府本位评估模式的工作推动型特征,偏重于政府绩效评估对政府实际工作的推动和促进。明确中国政府绩效评估模式科学性和应用性并举的功能定位,体现了当前政府绩效评估价值重塑的应然方向。在政治、经济、社会、文化和生态文明齐头并进的现实背景下,作为我国行政管理体制改革的关键枢纽,中国地方政府绩效评估模式必须具备较强的科学性,具备对政府工作作出客观、准确判断的功能;同时,政府绩效评估的本质意义在于推动政府解决自身问题,进而有效地提升政府绩效,因

此，中国地方政府绩效评估模式也必然要具备较强的应用性，具备推动政府实际问题解决的功能。总而言之，中国地方政府绩效评估模式的改进和发展，必须平衡好科学性与应用性两方面的功能定位，实现评估模式功能在工作推动和客观评价之间的有机融合。

二、制度层面：构建法制化与规范化的统一评估制度

应当看到，在当前我国地方政府绩效评估中，还未出台完整有效的法律法规，各地政府绩效评估的立法进度也快慢不一，使评估明显呈现"运动式"的整体特征，评估本身以及评估方案、评估主体、评估指标及评估结果的运用等方面的连续性和规范性显著不足。长期以来，在我国地方政府绩效评估实践中，一方面，各地实践起步较晚，发展时间较短，导致经验不足，难以形成制度化的文件；另一方面，改革开放之后，我国正大力进行行政体制改革，地方政府职能变动较大，定位模糊，这都使我国各地政府绩效评估实践一直呈现参差不齐的不平衡发展态势，大部分地方政府和第三方机构的行为也一直处于自发或半自发的状态，使政府绩效评估工作一直作为一个组成部分分布在其他各类政府管理机制或评估项目中，规范化程度明显不足，由此带来了评估内容差别较大、评估标准不够统一、评估方法不够一致等制度、机制和技术各层面的特点和问题，大大影响了各地评估的实际效果，严重地阻碍了地方政府绩效评估的科学化和规范化，损害了地方政府绩效评估的持续性，阻碍了各地实践经验的交流和典型做法的推广，影响了地方政府绩效评估实践的广度、力度与深度。因此，在中国地方政府绩效评估的制度层面，应加强政府绩效评估的规范化、法制化运作。①

三、机制层面：打造常态化与专业化的多元评估主体

首先应当看到，评估主体的选择是机制层面政府绩效评估的关键所在。当前，我国各地政府绩效评估主要呈现评估主体单一的"自我评估"，就其问题而

---

① 何文盛，廖玲玲，王焱. 中国地方政府绩效评估的可持续性问题研究——基于"甘肃模式"的理论反思［J］. 公共管理学报，2012，9（2）：114-121.

言，主要包括评估主体选择和评估结果运用两个方面。

一方面，以目标责任制为代表的政府本位评估模式仍然是实践的主流，而外部主体参与评估的渠道不畅，部分公众评议、委托第三方评估的实践做法也只是在政府的主导下引入了外部力量，但并未改变评估的本质属性。

另一方面，各地政府绩效评估结果的运用大多处于"有法不依"的状态，使评估结果的运用反而阻碍绩效评估的正常运行。因此，在中国地方政府绩效评估的机制层面，应着力打造一种常态化与专业化并行的专业机构，构建政府主导下专业力量参与下的多元评估主体。

四、技术层面：探索高效率与低成本的有效评估方法

首先，就当前各地实践中的政府绩效结构与评估指标而言，一方面，政府绩效结构的理论支撑较为薄弱，且存在评估指标的技术定位偏差。进一步加强政府绩效结构的科学化，能够深入带动政府职能的结构化和体系化，能够在理论层面规避评估指标设计的混乱、重复或缺失，同时也对评估结果的产生具有重要意义。就当前而言，我国政府和学术机构对政府绩效结构研究明显缺乏足够的重视，对我国政府职能的专业化研究严重不足，缺乏在本领域进行顶层设计的学术意识，现有的少量研究也长期处于较低水平，要么由于缺少坚实的理论支撑而呈现专业性不足，要么由于脱离我国政府管理的现实而缺乏实际价值。另一方面，评估指标的技术定位也存在偏差。应当看到，在长期以来的地方政府绩效评估技术构建中，指标体系的设计始终是评估的重中之重。当前，我国各地政府绩效评估主要采用主客观指标相结合的评估方法，应当看到，主观指标的使用存在较强的随意性，不但降低了评估本身的客观性，也大大增加了数据采集的人力、物力、财力与时间成本，不利于政府绩效评估的连续性，评估结果的科学性不高，其形成的研究成果也严重缺乏可信度。另外，当前各地政府绩效评估指标在其他层面上也存在形形色色的定位偏差，如评估指标的设计过粗或过泛，难以准确、全面地发挥评估的作用，实现评估的目的；政府综合绩效、部门绩效以及人员绩效三者的评估标准存在逻辑混乱，结果指标和过程指标也存在混用的情况，相互

之间难以区分；指标设计中偏重于总量和存量指标，对人均和增量指标的关注度不足；指标设计缺乏可调整的余地，灵活性不足，难以对政府自身形成激励等。因此，在中国地方政府绩效评估的技术层面，应实现政府绩效结构、指标体系及数据采集在内的技术路线创新。①

其次，就政府绩效评估的数据采集而言，评估数据的收集、整理、加工是评估方案实施的核心，其中，数据的透明和客观是评估公平公正的基础，数据采集的方便、快捷是评估持续开展的保证。在政府绩效评估过程中，只有收集到准确无误的数据，评估结果才能让被评估者信服。因此，需要绩效评估的实际执行部门具备较强的数据处理能力，将来源多样化、类型多样化的数据纳入绩效评估工作之中，以最大限度地发挥绩效评估工作的价值。但是，在目前的地方政府绩效评估的数据来源方面，政府本身和第三方机构所组织的政府绩效评估存在明显不同，其中政府部门的绩效评估主要由政府内部提供资料获取评估信息，但上下级和同级政府与部门之间的"数据藩篱"严重阻碍了评估数据的获取和评估的顺畅实施，而第三方机构则主要依靠单一的国家统计年鉴和问卷调查，可以看到，数据源方面的匮乏等问题也严重制约着第三方评估的发展。因此，中国地方政府绩效评估在技术层面也应加强完善绩效数据的共享机制，以求尽快突破当前中国政府部门间的"数据鸿沟"问题。

---

① 负杰. 中国地方政府绩效评估报告 No.1 [M]. 北京：社会科学文献出版社，2017.

实证篇

第六章 反思与展望：中国地方政府绩效评估研究的未来

关于中国地方政府绩效评估模式差异的研究，向我们清晰地展现了地方政府绩效评估领域问题的复杂性。应当看到，本领域研究还存在大量的问题，无论是在成果的数量、质量、类型上，还是在研究的视角上，都有待于进一步深化拓展。因此，深入分析政府绩效评估研究（尤其是关于政府绩效评估指标的研究）的进展，对于深化完善本领域的学科体系，推动本领域的实践进程，具有重要的理论和现实意义。

第一节 中国政府绩效评估整体研究的现状与展望

21世纪以来，尤其是党的十八大报告明确提出完善干部考核评价机制、促进领导干部树立正确的政绩观之后，政府绩效评估越来越受到我国学界的重视，取得了丰富的理论成果。通过文献梳理可以发现，中国学界对政府绩效评估研究进展的分析偏重于规范研究。学者们根据政府绩效评估阶段和类别的不同，分别对本领域研究的现状和问题做了较为全面的总结和归纳，对研究的发展提出了多种对策建议，为后来者提供了有力的借鉴。[①] 但是，由于规范研究缺乏相关数据的支持，难以对研究进展进行直观的呈现和分析。为了克服上述不足，部分学者创新性地对中国政府绩效评估研究进行了实证分析，分别选用 SSCI、CSSCI 等作

[①] 吴建南，阎波. 政府绩效：理论诠释、实践分析与行动策略 [J]. 西安交通大学学报（社会科学版），2004（3）：31-40；彭国甫. 中国政府绩效评估研究的现状及展望 [J]. 中国行政管理，2006（11）：18-20；张岩鸿. 政府绩效评估：述评、探究及改进策略 [J]. 政治学研究，2008（5）：108-115.

为数据源,对政府绩效评估的进展进行了实证分析。[①] 基于对上述研究经验的总结,笔者使用了实证研究方法,并对数据源进行了优化:首先,考虑到数据源对于实证研究的重要性等因素,笔者选用了学界运用最为广泛、文献涵盖最为全面的中国知网数据库作为数据源;其次,笔者以国家社会科学基金资助作为论文的筛选条件,在一定程度上加强了研究的全面性和代表性。通过在中国知网中以"政府绩效"为篇名进行检索和筛选,最终获取到147篇2004~2016年发表的由国家社会科学基金资助的行政管理学科论文[②]。通过归纳这些论文在数量、质量和类型上的总体特征,比较学术机构和学者等研究主体的研究状况,可以直观地呈现和分析2004年以来中国政府绩效评估研究的整体进展。本节图表均为笔者根据中国知网数据自制。

一、中国政府绩效评估研究成果的特征

第一个层面是中国政府绩效评估研究成果的特征,这其中包括研究成果在数量上的特征、研究成果在质量上的特征以及研究成果在类型上的特征。

(一)研究成果在数量上的特征

研究成果的数量能够反映研究主体在该领域的研究热度。在图6-1中可以发现:第一,政府绩效评估研究成果的数量有一定幅度的提升,从2004年的3篇增长到了2016年的16篇,但在行政管理学科全部成果数量中所占比重依然较低,且整体呈明显的下滑趋势;第二,在党的十七大和党的十八大召开前后的2007年和2013年,研究整体达到了两个小的高潮,但在2013年之后,研究热度再次回落至较低的水平。这说明,在当前行政管理学科研究蓬勃发展的背景下,政府

---

① 盛明科.中国政府绩效评估研究的现状与学术影响力评估——基于CSSCI期刊论文数据[J].甘肃社会科学,2013(2)63-67;倪星.中国地方政府绩效评估创新研究[M].北京:人民出版社,2013.

② 考虑到数据的全面性和论文的时效性等因素,本书所有数据均取自中国知网数据库,数据截取时间段为2004年1月1日(第一篇论文发表于2004年)至2016年11月10日。经初步检索,获取到151篇论文,筛选掉其中存在辑刊重复发表等情况的4篇之后,最终确认的有效论文为147篇,包括期刊论文142篇,学位论文4篇,会议论文1篇。

第六章 反思与展望:中国地方政府绩效评估研究的未来

绩效评估领域研究与中国现实紧密相连,成果数量有所增长,但相比行政管理学其他领域来看,增长幅度仍然较小,研究热度明显较低,未能跟上学科发展的整体步伐,这与作为研究主体的学术机构对本领域的关注度不足有关。

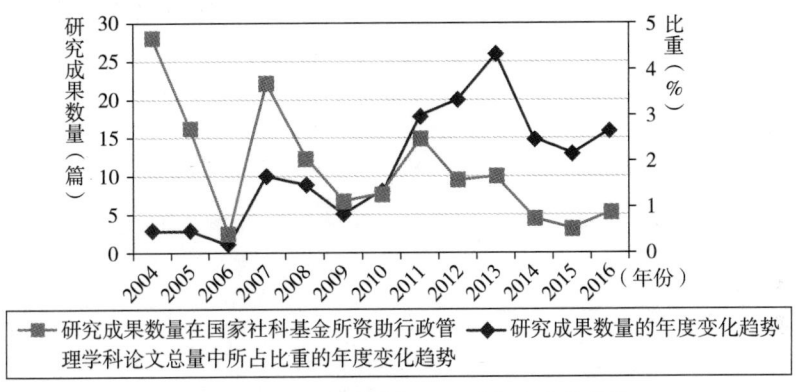

图6-1 研究成果数量和比重的年度变化趋势

研究主体对政府绩效评估领域的关注度不足,主要缘于本领域研究较高的理论难度和实操难度。一方面,在理论研究中,政府绩效评估是一门横跨行政学、政治学、管理学、经济学等多学科的交叉学科,"其自身的理论体系是比较难以把握的"①。另一方面,在实际研究中,相比行政管理学科其他领域,政府绩效评估研究的工作量较大,往往需要进行走访调查、数据分析和案例整理等诸多工作,不仅会耗费研究主体的大量时间和精力,而且对人力和财力的要求也比较高。这都在一定程度上降低了研究主体对本领域的研究热情和关注程度。

(二)研究成果在质量上的特征

研究成果的质量能够反映研究主体在该领域的研究水平。笔者以CSSCI核心期刊目录作为衡量研究成果质量的参照②,对147篇论文中的142篇期刊论文进行了质量上的分档,如图6-2所示。可以看到,2004年以来,政府绩效评估研究成果的质量存在参差不齐的问题:一方面,大部分论文的水平较高,有99篇

---

① 包国宪,道格拉斯·摩根. 政府绩效管理学——以公共价值为基础的政府绩效治理理论与方法[M]. 北京:高等教育出版社,2015.
② 本书使用的版本为CSSCI核心期刊目录(2014~2015年),不含来源期刊目录(扩展版)。

论文发表在《中国行政管理》《行政论坛》等 CSSCI 核心期刊上，占总量的 70%；另一方面，仍有 30% 的论文没有发表在 CSSCI 核心期刊上，其中少数论文的质量不高，存在重复性研究、"跟风"科研和"闭门造车"等现象，这与研究主体的研究水平及研究的连续性等因素存在一定的关系。

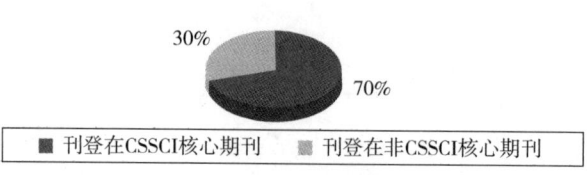

图 6-2　147 篇论文中的 142 篇期刊论文所在期刊的分布

（三）研究成果在类型上的特征

研究成果的类型能够反映研究主体在该领域的研究偏好。下文从研究方法和研究主题入手，总结了 2004 年以来我国政府绩效评估研究成果在类型上的特征。

研究方法一般包括规范研究方法和实证研究方法。在图 6-3 中可以看到：有 109 篇论文使用了规范研究方法，占成果总量的 74%；有 38 篇论文使用了实证研究方法，占成果总量的 26%。应当看到，一方面，近年来通过对实证研究方法的引入，政府绩效评估领域的学者在研究方法上已经有了一定的改进和丰富，实证研究也已经在本领域占据了重要的地位；另一方面，对比管理学、经济学等社会科学其他学科的情况来看，本领域的学者们整体上仍然偏好于规范研究，对实证研究方法的运用力度依旧不足。

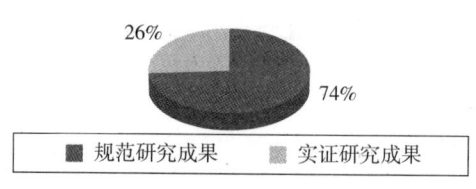

图 6-3　147 篇论文中研究方法的分布

研究主题的选择在较大程度上影响着研究质量。根据研究侧重点的不同，参考学界的一些观点，笔者将当前我国政府绩效评估领域的研究主题分为 8 类，如表 6-1 所示。可以看到：当前本领域的重点研究主题是政府绩效评估的基础理

第六章 反思与展望：中国地方政府绩效评估研究的未来

论、政府绩效评估方法、政府绩效评估主体与价值取向、政府绩效评估的制度保障以及政府绩效评估指标体系，成果数量合计122篇，占成果总量的83%；相比之下，对国外政府绩效评估理论和经验以及国内政府绩效评估案例的介绍较少，合计18篇，占成果总量的12%。

表6-1　147篇论文中研究主题的分布

排序	研究主题	成果数量（篇）	占比（%）
1	政府绩效评估的基础理论	33	22.45
2	政府绩效评估主体与价值取向	31	21.09
3	政府绩效评估方法	24	16.33
4	政府绩效评估的制度保障	20	13.61
5	政府绩效评估指标体系	14	9.52
6	国内政府绩效评估案例的介绍	11	7.48
7	国外政府绩效评估理论和经验的介绍	7	4.76
8	其他	7	4.76

当前，政府绩效评估领域研究在主题上缺乏突破。近年来，政府绩效评估领域研究主题众多，学者们不但在基础理论、评估方法、评估主体、指标体系和制度保障等政府绩效评估的传统主题上成果较多，而且对政府绩效治理、绩效满意度等新的主题也进行了一定探索。但是也应看到，在本领域研究中，一方面，研究重点集中在基础理论、价值取向和制度保障等方面，着重于理论的引进和阐释，但未能就理论和应用相结合的评估模式进行深入的探索，部分"创新型"研究成果难以落地，陷入了"伪创新"和"创新拜物教"[①]的困境之中；另一方面，对国内外实践经验的关注度较低，少量的案例研究缺乏有力的理论支撑，说服力不足，推广应用的价值有限。这都在一定程度上阻碍了本领域学者们在研究主题上的突破。

从总体上来看，2004年以来，本领域研究主体在方法和主题上呈现研究偏好集聚的现象，规范研究和基础理论研究所占比重较大。这种现象固然与本领域

---

① 尚虎平，钱夫中．从绩效问责到宏观调控工具——2003～2014年国外政府绩效评估综述［J］．北京行政学院学报，2015（5）：40-50．

起步较晚、实证研究方法引入较晚等因素有关,但研究主体在研究实力上所存在的两极分化状况,则在更大程度上阻碍了学术观点的正常碰撞和理论研究在方法和主题上的突破,影响了本领域的研究类型和研究偏好,加剧了研究偏好的集聚。

二、中国政府绩效评估研究主体的特征

第二个层面是中国政府绩效评估研究主体的状况。经过多年发展,我国政府绩效评估领域逐渐出现了一批著名学者,他们不但带动其所在的学术机构在本领域研究中保持领先地位,还在一定程度上提高了本领域在整个行政管理学科中的受关注度。下文从研究成果的数量和质量两个方面出发,对本领域主要研究主体的状况做了分析。

(一) 各研究主体的研究成果数量

从表6-2中可以看到,自2004年以来,我国政府绩效评估领域的研究主体之间在研究成果的"量"的方面存在着较大差距,这表现在:第一,研究成果集中在湘潭大学、兰州大学、苏州大学、华南理工大学和中山大学等少数高校中,其他大部分学术机构的成果数量较少,对本领域的关注度不足;第二,高校占据了14个席位中的12个,研究重心明显偏向高校系统。[①]

表6-2 成果数量最多的14个学术机构

排序	学术机构	成果数量(篇)	排序	学术机构	成果数量(篇)
1	湘潭大学	21	8	北京大学	4
2	兰州大学	16	8	华北电力大学	4
3	苏州大学	9	10	清华大学	3
4	华南理工大学	7	10	复旦大学	3
5	中山大学	6	10	国家行政学院	3
6	中国人民大学	5	10	河南师范大学	3
6	辽宁省社会科学院	5	10	江苏师范大学	3

---

① 为适当降低研究的复杂程度,本书只统计了各篇论文中第1作者所属的第1位的学术机构,下略。

第六章　反思与展望：中国地方政府绩效评估研究的未来

从图6-4可以看到，在以这5个机构为代表的本领域主要研究主体中，普遍存在各年份研究成果起伏过大的现象，即便是成果数量最多的湘潭大学，也在2005~2006年、2010年和2014~2015年出现了三次研究的"低潮期"，在研究的连续性上表现出明显的缺失。

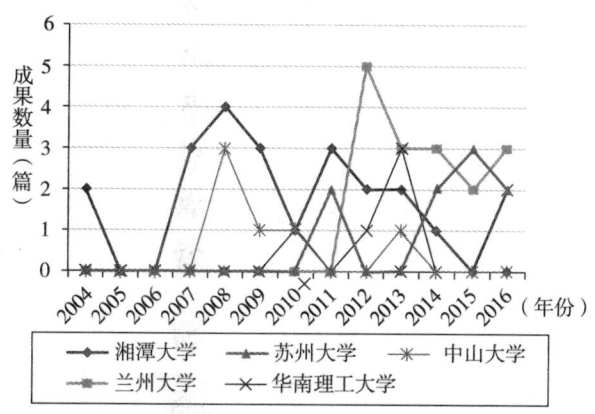

图6-4　成果数量最多的5个学术机构的成果数量年度变化趋势

政府绩效评估研究的进一步深入需要以连续性的研究为基础。当前，我国政府绩效评估研究正处于由理论阐释逐步转向实践应用的关键阶段，层次不断深入，难度不断增加，往往需要学者自身乃至所在研究团队进行跨年度、跨学科、高投入的连续性研究。但是，近年来，我国学术界"挖角"之风盛行，高端人才"跳槽"愈加频繁，部分学术机构和学者存在急功近利的学术心态，同时，人才外流现象也比较严重，学术机构对优秀后备人才的储备明显不足。这些问题的存在，不但造成了政府和学术机构所投入的经费和时间的损失，而且损害了学术机构和学者自身在研究上的连续性，影响了研究成果的质量，在一定程度上阻碍了政府绩效评估研究的进一步深入。

（二）各研究主体的研究成果质量

除了所在的期刊层次，研究成果的质量还可以通过被引总数和平均引用数两个指标衡量。根据表6-2和表6-3可以看到：本领域研究主体之间在研究成果的

"量"与"质"两方面都存在着不小的差距,研究实力呈现明显的两极分化状况。①

表 6-3 147 篇论文中被引总数和平均被引数最高的 5 个学术机构

排序	学术机构	被引总数	平均被引数
1	湘潭大学	1045	49.76
2	北京大学	166	41.50
3	中山大学	155	25.83
4	中国人民大学	119	23.80
5	华南理工大学	109	15.57

两极分化状况的短期存在是合理的,但若长期存在,则不利于研究的整体发展。湘潭大学等学术机构较早地开展了政府绩效评估研究,培养了大批高端人才,具备了较强的研究实力,这是两极分化状况形成的主要原因,也是大部分学术领域研究起步后在短期内必然会存在的问题;但是,理论研究的突破需要有学术观点的碰撞,如果这种状况长期存在,则将在一定程度上影响学术观点的正常碰撞,阻碍理论研究在方法和主题上的突破,不利于我国政府绩效评估研究的整体良性发展。

三、中国政府绩效评估研究的改进路径

总体而言,2004 年以来,在行政管理学科研究蓬勃发展的背景下,我国政府绩效评估领域的研究进展却存在成果数量增长较慢、研究热度较低,成果质量参差不齐、研究水平不一,成果类型缺乏突破、研究偏好集聚等诸多问题,其原因分别在于研究主体对本领域关注度不足、研究连续性不佳以及研究实力两极分化等。未来,政府、学术机构和学者自身应认清现状,协力推动我国政府绩效评估研究跟紧学科发展的整体步伐,走向新的高度。

第一,从政府的角度出发,科研管理机构应完善基金资助制度和科研人员流

---

① 考虑到成果数量过少可能出现的不合理现象,笔者在比较之前去除了成果数量不足 3 篇的学术机构。经比较可知,147 篇论文中被引总数最高的 5 个学术机构和平均被引数最高的 5 个学术机构排序相同。

第六章　反思与展望：中国地方政府绩效评估研究的未来

动管理制度，各地政府应加强对学术机构的支持力度，探索在人才和项目上的交流与合作机制。首先，在科研管理机构的工作中，一方面，科研管理机构应完善当前的基金资助制度，加强对研究者能力和研究成果质量的考察，提高对政府绩效评估领域连续性研究的资助力度，同时杜绝"人情票"和浑水摸鱼等现象，以正确发挥政府对政府绩效评估研究的引导作用；另一方面，科研管理机构应完善当前的科研人员流动管理制度，及时规范学术界盛行的"挖角"之风，保护学术机构和学者的正当利益，纠正急功近利的学术心态，促进我国政府绩效评估研究的整体良性发展。其次，在各地政府的工作中，一方面，各地政府应加强对政府绩效评估研究的政策和经费倾斜力度，大力支持学术机构进行跨年度、跨学科的连续性研究，推动学术机构在本领域研究上的持续深入；另一方面，各地政府应积极探索政府和学术机构在人才和项目上的交流与合作机制，鼓励和引导更多的学术机构和学者积极参与到政府绩效评估的实践当中。

第二，从学术机构的角度出发，应改善科研管理工作，合理加强人才队伍建设。首先，在科研管理工作中，一方面，学术机构尤其是科研院所应提高对政府绩效评估研究的重视程度，加大对跨年度、跨学科研究的支持力度，形成研究的连续性，持续推动研究的深入；另一方面，学术机构应加强与实务界的交流与合作，紧密结合政府需求展开理论研究，在服务社会的同时深入探索理论成果的有效转化和落地。其次，在人才队伍建设上，一方面，学术机构应合理加强人才引进力度，着力建设博士点、博士后流动站和研究基地等科研平台，有针对性地从国内外引进本领域的优秀研究人才；另一方面，学术机构应清醒地认识到高端研究人才对机构研究实力的提升只是暂时的、有限的，从长远来看，更应注重对优秀后备人才的培养，加强研究的基础，引领更多的青年学者投身到政府绩效评估的研究当中，力求形成研究的连续性，逐步深入研究，提升研究实力。

第三，从学者自身的角度出发，应加强研究方法的科学性，寻求在研究主题上的突破，提高学术素养。首先，在研究类型上，一方面，学者们应注重吸取管理学、经济学等社会科学其他学科的发展经验，加强研究方法的科学性，努力实现规范和实证两种研究方法的有机结合，既要继承学术传统的深厚底蕴，保持规范研究的质量，又要结合实际研究的需要，着力加强实证研究的力度；另一方面，学者们应在继续深入进行基础理论研究的基础之上，紧密结合我国的实际，加强对国内外政府绩效评估实践案例的重视程度，探索理论和应用相结合的评估模式，拒绝"伪创新"，力求在研究主题上取得突破。其次，在学术素养上，一方面，学者们应加强对政府绩效评估领域的关注度，端正科研态度，保持科研热情，努力提升成果的"量"；另一方面，学者们应深刻认识到政府绩效评估研究的科学性和复杂性，加强研究的专业性和实用性，减少"跟风"型和重复性的研究，形成自身研究的连续性，注重保障成果的"质"。

第二节 中国政府绩效评估指标研究的轨迹

作为评估内容的具体体现和评估实施的基本前提，指标体系是政府绩效评估的重要内容，其制定与实施运用是体现评估取向的关键环节。自2012年党的十八大以来，我国政府绩效评估指标研究进展显著，形成了丰富的理论成果。笔者以"指标"为篇名，对《政治学研究》《中国行政管理》《国家行政学院学报》《复印报刊资料》《公共行政》等行政学专业权威刊物自2012~2017年所载的学术论文进行了检索，总计获取到55篇论文，其中理论视角论文8篇，实践视角论文47篇（包括整体视角论文10篇、外部视角论文27篇、内部视角论文10篇），如图6-5所示。可以看到，2012年以来，我国政府绩效评估指标的应用性研究占总量的85%，研究整体已经从理论阐释层面步入实践应用层面，研究重点由指标体系的价值定位转向指标体系的实际构建；研究焦点集中于政府对外职能管理领域的绩效评估指标体系构建，其成果数量占总量的一半左右。

有学者认为，政府绩效在广义上涵盖政府组织绩效（包括政府综合性绩效和政府部门绩效两种）、政府人员绩效和公共政策绩效等类别，在狭义上专指政府综合性绩效，这也是政府绩效的重点领域，本书的研究对象即指向此类。从政府职能上看，政府综合性绩效还可以分为政府综合性整体绩效、政府对外职能管理绩效和政府内部管理绩效，而政府对外职能管理绩效又包括经济增长、市场监管、社会管

第六章 反思与展望：中国地方政府绩效评估研究的未来

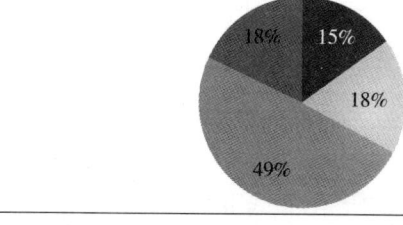

图 6-5　2012 年以来我国政府绩效评估指标研究在不同视角上的分布情况

资料来源：笔者根据行政学专业权威刊物自 2012~2017 年所载的篇名含"指标"的学术论文整理。

理、公共服务和平衡发展五个方面。[①] 本节参考这种划分方法对上述论文进行了分类考察，试图梳理党的十八大以来我国政府绩效评估指标研究中存在的问题，并提出相应的对策建议，以此作为下文进一步梳理政府绩效评估模式的基础。

一、政府对外职能管理领域的绩效评估指标体系构建

在政府绩效评估指标学界，主要的研究针对的是政府对外职能管理领域的绩效评估指标体系构建。自 2012 年以来，政府对外职能管理领域的绩效评估指标体系构建是近年来研究的焦点。在经济增长、市场监管、社会管理、公共服务和平衡发展五种政府对外职能中，学者们主要关注的是公共服务、社会管理和经济增长三个方面的政府绩效评估指标体系构建，尤以公共服务类的研究成果居多，相比之下，市场监管和平衡发展类的研究成果较少。这种现象与政府在职能上对经济增长、公共服务和社会管理领域的倾斜密切相关，其中，公共服务作为近年来中央政府大力推动并取得显著实践进展的领域，受到学界的密切关注也是情理之中。

首先，在公共服务方面，学者着眼于不同层次和类型的公共服务领域，对政府绩效评估指标体系进行了研究。部分学者关注了整体公共服务领域的指标体系构建。其中，有学者构建了一套政府购买社会服务的绩效评估指标体系，包括投

---

① 负杰. 中国地方政府绩效评估：研究与应用 [J]. 政治学研究，2015 (6)：76-86.

入、过程、产出、品质、成效和政治6个一级指标及36个二级指标;① 有学者通过构建基本公共服务供给的四级指标体系,界定了公共安全、教育、文化体育与传媒、社会保障与就业、医疗卫生、环境保护和交通运输7个一级指标,对2005~2012年省际间的公共服务均等化状况进行了考察;② 有学者从教育、医疗卫生、公共文化、社会保障和就业、住房均等化和城市基础设施均等化6个方面出发,构建了一套海南基本公共服务均等化水平评价的二级指标体系;③ 有学者以模糊综合评价理论为基础,界定了教育、就业与分配、社会保障、医疗保障和社会管理5个本领域的一级指标及25个二级指标。④

部分学者分别针对乡镇和城市两个层次的公共服务领域构建了评估指标体系。如根据"管理能力与利益相关主体满意"的双选评估指标设计模式,设计了乡镇政府的潜在公共服务供给能力和有效公共服务供给能力两套并行的二级指标体系,其中,潜在能力包括经济资源、人力资源、制度资源、社会资源、文化资源,乡镇政府5个一级指标及27个二级指标,有效能力则包括生产性、生活性和福利性3个一级指标及20个二级指标;⑤ 构建了城市公共服务评价指标,以基础教育水平、社会保障水平、医疗卫生服务水平、文化体育服务水平、环境保护服务水平、公共安全服务水平为6个一级指标,进而对北京市各区县的公共服务状况进行了评估。⑥

部分学者对养老、社保和医疗等相关领域的政府绩效评估指标体系进行了研究。如有学者构建了一套衡量我国基本养老保险公平状况的二级指标体系,包括

---

① 叶托,胡税根. 政府购买社会服务的绩效评估指标研究——基于德尔菲法和层次分析法的应用[J]. 广东行政学院学报, 2015 (2): 7-15.
② 魏福成,胡洪曙. 我国基本公共服务均等化: 评价指标与实证研究[J]. 中南财经政法大学学报, 2015 (5): 26-36.
③ 徐翠枚. 基本公共服务均等化水平评价指标研究——以海南为例[J]. 调研世界, 2014 (3): 48-52.
④ 李红亮. 关于地方政府社会建设绩效评估指标体系——基于模糊综合评价理论[J]. 理论探索, 2013 (6): 75-79.
⑤ 雷玉琼,李岚. 乡镇政府公共服务供给能力评估指标体系建构——兼论政府公共服务能力的研究现状[J]. 中国行政管理, 2015 (11): 30-35.
⑥ 陆小成. 城市公共服务绩效评价指标研究——以北京为实证分析[J]. 广东行政学院学报, 2016 (3): 24-30.

第六章 反思与展望：中国地方政府绩效评估研究的未来

资格、缴费、待遇和补助4大类指标；① 设计了地方政府社会保险服务绩效评价的三级指标体系，以社会保险投入、社会保险产出和社会保险效果为3个一级指标，并使用2001~2012年全国除西藏以外30个省份的数据进行了实证分析；② 构建了地区医疗卫生服务均等化评价的二级指标体系，包括投入、产出和结果3个一级指标及9个二级指标；③ 设计了一套医疗保险制度评价的四级指标体系，包括功能目标、运行过程、社会效果3个一级指标以及6个二级指标、12个三级指标和30个四级指标，并以天津市城乡居民医疗保险制度为例进行了实证检验。④

部分学者则关注教育和文化领域的政府绩效评估指标体系构建。如有学者构建了一套评估政府教育管理职能转变的三级指标体系，界定了政府教育管理职能外部转移、政府教育管理职能内部转移、行政管理方式的转变和公众满意度4个一级指标；⑤ 有学者设计了公共文化服务效能评价的三级指标体系，界定了需求满足、产业发展、风尚引领和精神培育4大类指标。⑥

部分学者针对政务微博的服务能力设计了评估指标体系。如有学者构建了由覆盖力、传播力、服务力和成长力4个一级指标以及20个二级指标组成的政务微博评估的二级指标体系；⑦ 有学者以交互主体覆盖度、交互时效性、网友认可度为3个一级指标，设计了一套政务微博条件下的政民交互度评价指标体系。⑧

另外，部分学者还关注了科技公共服务、政府对企业服务和就业公共服务等领域的指标体系建设。有学者构建了一套科技公共服务评价的三级指标体系，界定了目标是否达成、服务供给品质、"顾客"满意度3个一级指标以及13个二级

---

① 吴开明. 我国基本养老保险的公平原则及衡量指标体系 [J]. 中国行政管理，2014 (4)：53-57.
② 彭锻炼. 地方政府社会保险服务绩效评价指标体系构建与绩效测度 [J]. 中央财经大学学报，2015 (1)：19.
③ 孙德超. 地区医疗卫生服务均等化评价指标体系的构建 [J]. 中国行政管理，2013 (9)：49-52.
④ 张再生，徐爱好. 医疗保险制度评价指标体系构建及其应用研究——以天津市城乡居民医疗保险制度为例 [J]. 中国行政管理，2015 (1)：99-103.
⑤ 孟华，王永坚. 政府教育管理职能转变的绩效评估指标体系建构 [J]. 上海教育科研，2013 (2)：14-17.
⑥ 胡守勇. 公共文化服务效能评价指标体系初探 [J]. 中共福建省委党校学报，2014 (2)：45-51.
⑦ 陶勇，王益民. 政务微博评估指标体系与测评方法 [J]. 统计与决策，2014 (6)：24-27.
⑧ 李勇，龚小芳，惠鸿曜等. 政务微博条件下的政民交互度评价指标体系构建 [J]. 重庆大学学报（社会科学版），2016，22 (4)：172-179.

指标和164个三级指标（包括客观指标138个，主观指标26个）；① 有学者构建了一套评估政府对企业服务行为的三级指标体系，包括基础设施建设、行政服务、市场环境和政策环境4个一级指标以及15个二级指标和44个三级指标；② 有学者构建了一套公共就业服务满意度评价的三级指标体系，界定了就业服务内容和就业服务条件2个一级指标以及7个二级指标和23个三级指标。③

其次，在社会管理方面，部分学者对社会管理领域的政府整体职能进行了多层次的划分，根据职能的不同构建了不同特色的指标体系。如有学者研究了社会管理效能指标体系，界定了社会民生、社会稳定、社会组织、社会参与、社会良性发展、虚拟社会管控和社会价值7个一级指标；④ 有学者构建了一套主客观结合的社会管理创新评估指标体系，其中，客观指标由公共服务保障、社会矛盾调处、社会治安防控、新型城市管理、综合信息管理、实有人口管理、有序规范管理七类43项指标构成，主观指标由经济发展受益度、社会稳定满意度、民生保障满意度、生态环境满意度4类34项指标构成；⑤ 有学者构建的二级指标体系包括民生社会事业绩效、社会管理绩效和社会规范绩效3个一级指标及12个二级指标；⑥ 相比上述三套体系，还有学者所构建的指标体系更为复杂，包括结果和能力2个一级指标以及4个二级指标、10个三级指标和28个四级指标。⑦

部分学者则从其他视角出发对本领域问题进行了研究。有学者提出应将社会幸福感作为评估社会治理的核心主观指标之一，并以此构建了社会治理绩效评估的公众主观的三级指标体系，包括社会治理的公平感、社会服务的满意度、社会

---

① 陈振明，樊晓娇. 科技公共服务评价指标体系的构建 [J]. 行政论坛，2014 (5)：48-55.
② 梁芷铭. 政府劳动行为的企业度量指标研究——区域物流发展与政府治理转型系列之十 [J]. 商业时代，2014 (32)：111-114.
③ 王欣，吴江. 公共就业服务满意度评价及指标体系——基于服务型政府导向的研究 [J]. 中国人力资源开发，2013 (7)：79-83.
④ 张书林. 社会管理科学化水平之效能指标体系与测评 [J]. 中共四川省委党校学报，2012 (2)：92-97.
⑤ 汤柏生，章建雷，张秀明等. 构建宁波社会管理创新评价指标体系的探讨 [J]. 三江论坛，2012 (5)：14-16.
⑥ 李晓壮. 政府社会建设绩效评估指标体系的构建与应用 [J]. 统计与决策，2013 (22)：78-81.
⑦ 齐心. 政府社会建设绩效评估指标研究 [J]. 中共天津市委党校学报，2015 (2)：90-94.

第六章 反思与展望：中国地方政府绩效评估研究的未来

幸福感3个一级指标以及12个二级指标；① 有学者选用了人均GDP、GDP增速、基尼系数、物价指数和失业率5项经济指标对社会稳定风险进行了评估；② 有学者从包容性增长下改革政府绩效考核评价体系的视角出发，对社会管理科学化指标体系进行了研究。③

最后，在经济增长和市场监管等方面，有学者构建了一套评价包容性增长的三级指标体系，界定了经济发展、社会发展和资源环境3个一级指标，在二级指标中，经济发展包括经济增长速度和经济增长质量，社会发展包括收入、能力和权利，资源环境包括资源开发利用和环境保护；④ 有学者设计了地方政府招商引资绩效考评的三级指标体系，包括数量业绩、经济贡献、产业培育、社会责任、政府服务5个一级指标以及12个二级指标和27个三级指标；⑤ 有学者构建了省级政府土地管理绩效督察评价的指标体系，包括耕地保护责任目标落实、土地执法监察、土地规划与计划管理等7个一级指标和25个二级指标。⑥

二、其他方面的研究

自2012年以来，除了政府对外职能管理领域的绩效评估指标体系构建之外，在政府综合性整体和政府内部管理领域的绩效评估指标体系构建等应用性研究方面，以及本领域的理论性研究方面，学者们也有所建树。

首先是政府综合性整体绩效评估指标体系构建。政府综合性整体绩效评估涵盖了政府对外职能管理领域和政府内部管理领域，是对各级政府的综合性评估。2012年以来，学者们在构建政府综合性整体绩效评估指标体系时，选取了法治

---

① 张欢，胡静. 社会治理绩效评估的公众主观指标体系探讨 [J]. 四川大学学报（哲学社会科学版），2014（2）：120-126.
② 孙琦峰. 基于经济指标构建的社会稳定风险评估研究 [J]. 财经问题研究，2015（3）：16-23.
③ 周长城，韩俊强. 建构社会管理科学化指标研究——基于包容性增长下改革政府绩效考核评价体系的视角 [J]. 社会科学研究，2013（5）：8-13.
④ 黄君洁. 评价包容性增长指标体系的构建 [J]. 上海行政学院学报，2013，14（3）：77-85.
⑤ 郑传贵. 经济新常态背景下地方政府招商引资绩效考评指标体系创新研究 [J]. 领导科学，2016（27）：22-23.
⑥ 於冉，黄贤金，钟太洋. 省级政府土地管理绩效督察评价指标研究 [J]. 中国土地科学，2014（9）：17-24.

建设和治理现代化等多种不同的视角。

部分学者对法治政府绩效评价的指标体系进行了研究。有学者构建了一套法治政府绩效评价的三级指标体系，包括制度建设、过程保障、目标实现、法治成本和结果满意5个一级指标以及14个二级指标和41个三级指标，并以客观指标评价、专家评议和公众满意度作为并行的测量方法；[①] 有学者指出，法治政府绩效评价应着力加强第三方评价，合理结合主客观评价，形成专家评议和民主测评的互补与互证；[②] 还有学者分析了法治政府指标体系建设的基本要求、量化依据以及应当处理好的基本关系等多个方面的问题。[③]

部分学者基于对政府治理理论的研究，分别为中央政府和地方政府设计了一套衡量政府治理水平的指标体系。有学者为国家治理评估体系归纳了设施、秩序、服务、公开价值的维护、公平价值的维护、公正价值的维护、效率、环保和创新9大类指标，进而对111个国家的国家治理状况进行了评估；[④] 有学者通过分析地方政府治理现代化的内涵和特征，设计了一套评估我国地方政府治理现代化水平的三级指标体系，以治理体系现代化和治理能力现代化为2个一级指标，其中，治理体系现代化包括行政体制和行政人员素质2个二级指标，治理能力现代化包括经济、政治、社会、文化和生态文明5个二级指标。[⑤]

另外，部分学者还从公民满意度、政策执行力、政府职能定位以及公共部门战略管理理论等不同视角出发，提出了指标体系构建的思路。如有学者介绍了一套以幸福指数为导向的地方政府绩效评估指标体系，体系的客观指标来自政府年终的统计数据，主观指标来自第三方民意调查；[⑥] 有学者使用平衡计分卡的方法构建了一套地方政府公共政策执行力测评指标体系，包括政策目标、学习与成

[①] 郑方辉，邱佛梅.法治政府绩效评价：目标定位与指标体系[J].政治学研究，2014 (5)：5-10.
[②] 陈磊，林猜庭.法治政府绩效评价：主客观指标的互补互证[J].中国行政管理，2016 (6)：16-21.
[③] 杨小军，宋心然，范晓东.法治政府指标体系建设的理论思考[J].国家行政学院学报，2014 (1)：64-70.
[④] 汪仕凯.国家治理评估的指标设计与理论含义[J].探索，2016 (3)：146-152.
[⑤] 唐天伟.地方政府治理现代化的内涵、特征及其测度指标体系[J].中国行政管理，2014 (10)：46-50.
[⑥] 李军.以幸福指数为导向的地方政府绩效评估指标体系分析[J].理论学刊，2013 (7)：81-84.

第六章 反思与展望：中国地方政府绩效评估研究的未来

长、政策执行和政策成效 4 个一级指标及 28 个二级指标；① 有学者从现代政府职能定位和整体绩效评价的内涵出发，界定了经济发展、社会公正、生态环境、政府成本、公众满意 5 个一级指标，并以广东省为例进行了实证检验；② 有学者基于公共部门战略管理理论，构建了地方政府战略管理能力评价的二级指标体系，包括规划、协同、创新和绩效管理四大类能力指标；③ 有学者通过对优化开发、重点开发、限制开发和禁止开发四类主体功能区的研究，分别构建了四类不同的地方政府政绩考核三级指标体系。④

其次是政府内部管理领域的绩效评估指标体系构建。2012 年以来，学界对政府内部管理领域绩效评估指标体系构建的研究较少，集中在政府信息公开、电子政务、政府公信力等方面。部分学者研究了政府信息公开和电子政务的评估指标体系。其中，有学者构建了一套政府信息服务绩效评估的三级指标体系，包括社会公众、成本效益和部门内部管理 3 个一级指标以及 9 个二级指标和 38 个三级指标；⑤ 有学者以公众满意为前提，构建了一套电子政务绩效评估的三级指标体系，4 个一级指标分别为预期、易用、有用和质量；⑥ 有学者设计了政府信息技术管理绩效评估的三级指标体系，包括市民参与、规划和系统结构等 7 个一级指标及 33 个二级指标。⑦

部分学者研究了政府公信力的评估指标体系。如有学者通过研究平衡计分卡中内部运营、财务、顾客和学习发展各个维度的内涵，结合公共部门的逻辑和政府公信力评估的自身特色，提出了一套政府公信力评估的三级指标体系，界定了政府公信力内部基础指标、政府业绩与政府成本指标、政府公信力互动指标 3 个一级指标。在二级指标中，政府公信力的内部基础指标包括政府政策公信力、政

---

① 丁煌，梁满艳．地方政府公共政策执行力测评指标设计——基于地方政府合法性的视角［J］．江苏行政学院学报，2014（4）：99-106．
② 郑方辉，何志强，邓霖．第三方评政府整体绩效：指标领域层及实证检验［J］．广东行政学院学报，2014（5）：5-10．
③ 李宇环．地方政府战略管理能力评价模型与指标体系［J］．中国行政管理，2015（2）：72-77．
④ 周国富，王晓玲，宫丽丽．地方政府政绩考核指标体系研究［J］．统计与决策，2014（16）：38-42．
⑤ 李友芝，谭貌．政府信息服务绩效评估指标体系的构建［J］．情报科学，2013，13（12）：33-37．
⑥ 陈海勇．基于公众满意度的电子政务绩效评估指标体系设计［J］．财会研究，2014（1）：68-70．
⑦ 宋航，曾军平．重构政府信息技术管理绩效评估指标体系的思考［J］．财政研究，2013（8）：25-28．

府信息公信力、政府作风公信力和政府行政人员公信力,政府业绩与政府成本指标包括政府业绩和政府成本,政府公信力互动指标包括政府问责和公众满意度。① 还有学者设计了政府信用三级指标体系,界定了政治稳定性与政府能力、市场有效性与经济发展、社会稳定性与社会发展3个一级指标。②

另外,部分学者研究了政府预算、应急管理、基层信访、政府投资透明度和廉政建设等政府其他内部管理领域的评估指标体系。如有学者将中央部门预算信息分为综合、功能、经济三大类,以此设计了12个评估指标并对2010年和2011年公布的中央部门预算进行了评估;③ 有学者将重大突发公共卫生事件中地方政府灾后恢复能力关键评价指标体系归纳为表层能力和里层能力两大类,其中,表层能力包括灾后评估能力和次生事件防范能力,里层能力包括总结评价能力和工作改善能力;④ 有学者构建了一套基层信访考核的三级指标体系,界定了依法行政、立案、办理程序、三级终结4个一级指标;⑤ 有学者研究了政府投资透明度评价的指标体系,界定了决策透明度、执行透明度和监管透明度3个一级指标以及12个二级指标和25个三级指标;⑥ 还有学者概括了地方政府廉政建设评价指标筛选中存在的主要问题,包括主客观指标畸轻畸重、贪大求全、投入导向、数据处理标准化和重要指标遗漏等。⑦

另外,也有学者针对政府绩效评估指标进行了一些理论性的研究。其中,部分学者探索了指标变动现象背后的政府行为逻辑,批判了单一的"指标式管理"模式,提出应在评估中加大公众的参与力度。如有学者指出了自上而下的官员考核方式所存在的"不均衡"的缺陷,未来需要引入非指标化的制度,加强公众

---

① 杨畅. 当代中国政府公信力评估指标体系构建探析 [J]. 中国行政管理, 2013 (12): 51-53.
② 聂新伟. 政府信用、地方政府债务风险与信用指标体系构建的思路 [J]. 财政研究, 2016 (3): 15-26.
③ 邓淑莲. 部门预算透明度:指标、问题与建议 [J]. 中国行政管理, 2012 (9): 40-44.
④ 祝江斌. 重大突发公共卫生事件中地方政府灾后恢复能力关键评价指标研究 [J]. 湖北行政学院学报, 2014 (2): 45-50.
⑤ 彭涛, 王宇鹏. 论基层信访考核指标体系的设定 [J]. 法律科学 (西北政法大学学报), 2014 (6): 123-133.
⑥ 申亮. 政府投资透明度评价指标体系的构建及检验 [J]. 当代财经, 2013 (10): 26-35.
⑦ 杜治洲. 地方政府廉政建设评价指标筛选科学性的缺失及对策 [J]. 中国行政管理, 2012 (2): 105-109.

第六章　反思与展望：中国地方政府绩效评估研究的未来

对于官员的约束力。① 有学者认为，主观指标所存在的公众评价能力和比较价值有限，无法回应权利公正的问题，进而指出我国应当放弃"万人评议政府"模式；② 有学者认为，为了解决"指标式管理"所带来的指标激烈争夺、私下交易以及运作悖论等问题，应重新考虑该种管理方式的合理性，加强分权化和法治化的治理，推进民主协商和广泛参与；③ 还有学者通过研究 S 市在 2008 年、2012 年、2013 年三个年度的城市发展评价个案，指出地方政府评价主体面临内在角色冲突和功能错位，不正常的"指标演义"取代了正常的价值评价。④

部分学者梳理了当前政府绩效评估指标的特点和问题。如有学者归纳了当前地方政府绩效评估指标体系的三个特点：价值理念从"唯 GDP 论"转向"不以 GDP 论英雄"，指标内容从单一化转向多元化、综合化，指标评估维度从定性转向定性与定量相结合；⑤ 有学者通过研究深圳市政府的相关数据，指出地方政府绩效评估指标体系的变动缘于政府绩效管理部门的指标管理科学化水平、地方政府领导人更替、政府的阶段性重大任务等变动因素以及上级政府的"一票否决"制度和严格的行政责任追究制度等"不变"因素。⑥

还有学者在构建促进生态文明建设的西部地方政府绩效评价指标体系时，使用了一种新的指标设计方法——文献分析法。在这种方法的使用中，首先，应收集并统计与研究主题相关的研究成果中所设置的具有相同或相近含义的指标要素，筛选出其中频数超过半数的指标作为三级指标；其次，根据统计结果和现实情况进行三级指标增补；最后，根据三级指标的内涵归纳整理出二级指标和一级指标，形成一套新的指标体系。⑦

---

① 徐志国. 官员政绩考核指标化的困境与出路探析 [J]. 中共四川省委省级机关党校学报，2012 (5)：86-90.
② 周志忍. 论政府绩效评估中主观客观指标的合理平衡 [J]. 行政论坛，2015 (3) 43-50.
③ 郭丹，付伟. 指标式管理的扩张及其影响研究 [J]. 领导科学，2015 (17)：50-52.
④ 喻锋，姜晓晖. 治理叙事中的指标演义：城市发展评价设计中的地方政府行为模式探析 [J]. 公共管理与政策评论，2016 (2)：13-21.
⑤ 张超兰. 当前我国地方政府绩效评估指标体系探析 [D]. 湖南师范大学硕士学位论文，2015.
⑥ 史传林. 地方政府绩效评估指标体系变动的内在逻辑——基于深圳市政府绩效评估指标体系的动态分析 [J]. 行政论坛，2015 (3)：45-50.
⑦ 刘蓓. 促进生态文明建设的西部地方政府绩效评价指标研究——以广西为例 [J]. 学术论坛，2014，37 (1)：31-35.

总体而言，党的十八大以来，我国政府绩效评估指标研究取得了一定的成果：研究整体已经从理论阐释层面步入实践应用层面，研究重点由指标体系的价值定位转向指标体系的实际构建，研究领域趋于多样化。学界通过长期的理论引进和发展，在政府综合性整体、政府对外职能管理、政府内部管理等各研究领域均进行了诸多有实践意义的探索，在公共服务等政府对外职能管理领域的指标构建中取得了尤为显著的研究进展，在一定程度上实现了理论研究和实践研究的有机结合。但仍需看到，我国政府绩效评估指标研究依然处于起步阶段，还存在一些不容忽视的问题，如本领域研究偏重于单一的外部视角，缺乏整体视角和内部视角。由于政府绩效评估理论引入我国的时间较晚，政府绩效评估的专业人才匮乏，同时，政府内部管理的资料数据也不易获取，这使大部分学者往往只能选择自身熟悉的某个政府对外职能管理领域作为研究对象，而难以从政府综合性整体和内部管理的视角出发展开研究，这在较大程度上限制了评估结果的适用范围，不利于政府绩效评估的全面发展。另外，部分研究成果也缺乏足够的说服力，其指标内容和权重以及指标设计流程本身都有待商榷和实践的验证。这些问题的存在，进一步明确了当前政府绩效评估指标研究中存在的不足，昭示了今后研究需要改进和完善的方向。

第七章 "公开信息"评估：一种第三方政府绩效评估技术

在政府治理科学化、规范化发展的当前，推动我国地方政府绩效评估尤其是第三方绩效评估的发展，具有十分重要的意义。近年来，在第三方组织的中国地方政府绩效评估实践中，基于一些新观念的引进，形成了部分新的评估模式和评估技术，不断推动了评估能力的发展和评估水平的提高。因此，深入分析这些新的模式和技术，对于本领域实践探索的进一步深入尤为重要。在这些模式和技术中，"公开信息"评估值得关注。本章以对中国社会科学院政治学研究所的研究为例，对这种正在迅速发展中的评估技术的绩效结构、地方政府绩效信息数据库以及实际应用过程进行简要分析，为下一步相关研究和实践提供参考。

第一节 绩效评估的基本技术路线[①]

2011年以来，通过对国内外绩效评估理论研究和实践发展的梳理和分析，中国社会科学院政治学研究所"政府绩效评估"研究团队对地方政府绩效评估体系展开了长期连续性研究，探索构建定位于第三方专业化的全国性地方政府综合绩效评估模式。该项目的首席专家贠杰研究员对该项目的基本技术路线这一评估的核心要素进行了如下界定："基本技术路线是基于科学发展观和当代中国政府职能理论，以地方政府职能同构性作为绩效评估分析的起点，研究确立具有理论解释力的政府绩效结构，通过建立客观、系统化、可重复检验、具有明确绩效改进功能的政府综合绩效评估指标体系，依托年度性、大体量、以公开数据源为

[①] 本节主要参考了笔者参编的《中国地方政府绩效评估报告 No.1》一书（贠杰主编，社会科学文献出版社2017年版）中第7~12页对项目基本技术路线的介绍，下文不再赘述。

基础的政府绩效信息数据库,开展对全国地市级行政单位、副省级市、直辖市政府综合绩效的原创性量化评估。"

一、政府绩效结构的构建

开展任何一项评估的前提,都应是构建评估的总体结构。在地方政府绩效评估中,这种结构就是政府绩效结构。在实践中,构建政府绩效结构能够显著避免指标设计的混乱、重复或缺失,有利于政府绩效评估指标体系的科学化。本书在设计政府绩效评估时充分分析了我国政府和市场的界限,以及国内外地方政府职能的差别。在最高层面(一级指标体系),政府职能包括对外管理职能绩效和内部管理职能绩效两大领域(指标)。在二级指标体系中,政府对外管理职能包括经济发展、市场监管、社会管理、公共服务和平衡发展以及地域特色六大指标,政府内部管理职能包括依法行政、行政产出比、行政廉洁、行政成本、行政公开五大指标。在三级指标体系中,各二级指标之下形成了120个左右的具体评估指标。上述政府绩效结构基本框架见图7-1。

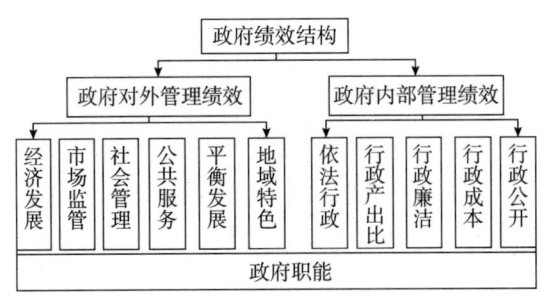

图7-1 政府绩效结构[①]

在政府绩效结构中,三级指标体系中120个左右的具体评估指标的选取,对政府绩效评估的方向和结果具有决定性作用。本书在选取指标时遵循了如下的标准和原则:"①指标数据具有客观性特征,不同主体不同时序的观察具有一致性,不受主观认识变化而变化;②指标具有可量化、可比较特征,兼顾存量和增量、总量和均量的关系;③指标数据要具有年度连续性;④指标数据要具有可检验、

---

① 负杰.中国地方政府绩效评估:研究与应用[J].政治学研究,2015(6):76-86.

可重复性;⑤指标的选取以结果性指标为标准,完全排除过程性指标,不存在绩效模糊和绩效重复的问题;⑥指标具有普遍认可的、明确的优劣指向,指标数据的升降具有明确的实际意涵。"指标权重的设定同样是绩效评估基本技术路线的重要组成部分。本书通过运用排序赋值法、德尔菲法、地方干部问卷调研法等方法确定了各级指标的权重,最终形成了"包括政府绩效结构、指标选取和确定,数据无量纲化、评估权重设置在内的政府绩效评估基本技术路线"。

二、绩效评估对象选取和数据库构建

本书选取的绩效评估对象,包括全国4个直辖市、15个副省级市以及317个地市级政府(地、市、州、盟),涉及的政府绩效信息数据近20万条。[①] 在市一级的评估中,由于4个直辖市与15个副省级市的"行政规格、经济体量和人口特征"较为相近,因此,为增强本书的可比性,将这19个城市作为单独的集合进行评估比较,将剩余317个地市级政府作为单独的集合进行评估比较。在省一级和区域一级的评估中,根据国家统计局2011年出台的办法划分了四大区域,具体如下:东部地区包括北京、天津、河北、上海、江苏、浙江、福建、山东、广东、海南;中部地区包括山西、安徽、江西、河南、湖北、湖南;西部地区包括内蒙古自治区(简称内蒙古)、广西壮族自治(简称广西)、重庆、四川、贵州、云南、西藏自治区(简称西藏)、陕西、甘肃、青海、宁夏回族自治区(简称宁夏)和新疆维吾尔自治区(简称新疆);东北地区包括辽宁、吉林、黑龙江。

本书所使用的地方政府绩效信息数据库、评估指标体系及往年评估数据,来源于中国社会科学院公共管理模拟实验室建立的全国地方政府绩效信息年度数据库,属于中国社会科学院政治学研究所创新工程项目"行政管理体制改革与政府绩效评估研究"的成果。该数据库的数据源,来自国家和地方各级统计年鉴、部门专项年鉴、各级地方综合年鉴、地市级政府工作报告、地市级政府经济与社会发展统计公报、地市级政府信息公开年度报告、各类专业数据库及其他公开数据

[①] 考虑到行政区划变动因素,该年度数据库不包括新设立的海南三沙市、儋州市等新行政建制,以及各省、自治区、直辖市自行设置的非正式地级行政单位。同时,由于中国香港、中国澳门、中国台湾实行特殊的政治体制,与中国大陆的地方政府职能和绩效结构差异较大,不具可比性,因此未纳入本项目评估范围。

源。数据源选取以公开发表的数据为原则,排除与评估对象直接接触获取评估数据的方式,不但保证了第三方评估的客观性和独立性,增强了数据源的正规性和权威性,而且避免了问卷调查中时间成本的巨大耗费,在较大程度上提升了广域性、连续性政府绩效评估的可行性。

第二节 实践案例一:新常态下中部崛起的绩效检验

习近平总书记在2014年12月召开的中央经济工作会议上明确指出,我国经济发展已经进入新常态,正从高速增长转向中高速增长。[①] 作为我国经济社会发展中的重要区域,中部地区包括山西省、安徽省、江西省、河南省、湖北省及湖南省,辖制81个地市级政府,其发展的速度、质量和效果直接关系到新常态下我国经济社会的全面发展。改革开放以来,作为过往曾处于全国中心地位的地区,中部地区的发展不但在水平上不及东部,在速度上也落后于西部。自2004年政府工作报告明确提出"促进中部地区崛起"之后,中央政府开始逐步加大对中部地区的关注和支持力度,显著地加快了中部地区的发展步伐。但就目前而言,相对于全国尤其是东部地区,中部地区在经济社会发展各领域中仍然存在明显差距。

作为中央政策的实际执行者,地市级政府能否有效履行其在经济发展、市场监管、社会管理、公共服务等方面的职能,将是中部崛起战略成败的关键。应当看到,相对东部地区目前发展中所依赖的技术创新和产品创新,中部地区的发展和崛起则更多依靠模式和制度创新,这意味着政府将在中部崛起战略实施中扮演着尤为重要的角色。[②] 因此,本书依靠海量数据集成的地方政府绩效信息数据库,对2012年中部地区81个地市级政府的绩效进行了整体评估,并从职能和地域两个角度进行了分项评估,进而根据评估结果形成相关对策建议。[③] 另外,本书中涉及的年度对比数据皆来源于前文所提到的地方政府绩效信息数据库。

[①] 中央经济工作会议在北京举行 [N]. 人民日报, 2014-12-12 (001).
[②] 邹士年. 中部崛起必将成为拉动中国经济增长的主引擎 [J]. 财经界(学术版), 2018 (5): 4-6.
[③] 鉴于地方政府绩效的展现具有一定的时滞,以及考虑地方政府绩效评估对象的当期压力因素,本书选取的是2012年的数据。

第七章 "公开信息"评估:一种第三方政府绩效评估技术

一、经济新常态下"中部崛起"新态势

科学认识当前形势,准确研判未来走势,必须历史地、辩证地认识我国经济发展的阶段性特征,准确把握经济发展新常态。作为中国区域发展战略中的重要区域,中部地区包括山西省、安徽省、江西省、河南省、湖北省及湖南省,辖制6省81个地市级行政区域。长期以来,相对于全国尤其是东部地区,中部地区在各个领域存在明显差距。自2004年政府工作报告明确提出"促进中部地区崛起"的概念之后,中央政府开始逐步加大对中部地区发展的关注和支持力度。在2014年12月9~11日举行的中央经济工作会议上,习近平总书记明确指出,我国经济发展进入新常态,正从高速增长转向中高速增长。认识新常态,适应新常态,引领新常态,是当前和今后一个时期我国经济发展的大逻辑。要坚定不移地继续实施西部开发、东北振兴、中部崛起、东部率先的区域发展总体战略,坚持稳中求进工作总基调,坚持以提高经济发展质量和效益为中心,主动适应经济发展新常态,保持经济运行在合理区间,把转方式调结构放到更加重要的位置,狠抓改革攻坚,突出创新驱动,强化风险防控,加强民生保障,促进经济平稳健康发展和社会和谐稳定。

为进一步适应经济发展新常态下的新形势新要求,经国务院常务会议审议通过,国家发展和改革委员会于2016年12月20日正式印发了《促进中部地区崛起规划(2016~2025年)》(以下简称《规划》),进一步明确2016~2025年促进中部地区崛起的工作思路和重点任务,加大对中部地区发展的政策支持,推动中部地区全面崛起,更好地发挥对全国发展的支撑作用。应当看到,继续深入推进"中部崛起",承接东部产业转移,既是新常态下推动区域经济发展的客观需要,又是提高国家竞争力的必然选择。中部地区需要以此为契机,着力提质增效,努力实现跨越式转变,以此解决中国区域经济协调发展和东西部发展压力的问题。

(一)国家经济平稳快速增长需要"中部崛起"

自"中部崛起"战略提出后,中部地区的经济社会发展已经取得了长足的进步。改革开放以来,作为过往曾处于全国经济中心地位的地区,中部地区的发

展不但在水平上不及东部,在速度上也落后于西部,其经济地位不断下降,甚至出现了"中部塌陷"的提法。为此,中央政府于2004年及时果断地提出推动"中部崛起"战略,有力地提升了中部地区的经济发展水平。目前,中部地区已成为全国重要的粮食生产基地、能源原材料基地、装备制造业基地和综合交通运输枢纽,在全国经济社会发展格局中占据重要地位。

新常态下,中国经济平稳快速增长的重任依赖中部崛起。当前,随着中国经济发展进入新常态,发展增速放缓,但是,为了保证就业和人民收入水平的提升,中国依旧需要保持一定的经济增速。就目前而言,中国东部地区处于产业转型、结构升级的调整期,西部地区发展的基数小、基础弱,发展尚需时日,东北地区则面临国企改革的艰巨任务。可以看到,东部、西部、东北地区的经济发展都存在一定的不确定性,难以保证较高的经济增速。相对而言,中部地区区位优势巨大,人力资源充沛,发展新型工业化和新型城镇化将大有作为。2016年前三季度中部地区的GDP平均增速为7.9%,虽然比去年同期回落了0.2个百分点,但仍高于全国1.2个百分点。同时也应看到,各级政府将在中部崛起中扮演重要角色。相对东部地区目前发展中所依赖的技术创新和产品创新,中部地区的发展和崛起则更多依靠模式和制度创新,在此中间,各级政府将起到关键的作用。①

(二) 平衡发展:"中部崛起"的当务之急

不平衡、不充分的发展是新时期"中部崛起"面临的关键问题。当前,相对于全国特别是东部沿海地区,中部地区在很多领域的发展都存在明显差距,而平衡发展则是其中最为突出和迫切的问题。具体而言,中部地区的平衡发展问题主要包括两大方面:一是经济发展中的环境保护问题。习近平总书记指出,要"不搞大开发、共抓大保护""生态优先、绿色发展",这对中部地区处理开发和保护的矛盾、正确处理人口资源环境之间的关系,提出了新的要求。考察中部地区各省的实际发展情况可以看到,环境保护问题是中部地区近年来发展中的一大痛点,尤其是长江经济带建设中开发与保护之间存在的种种矛盾。二是城市群内

---

① 邹士年. 中部崛起必将成为拉动中国经济增长的主引擎 [J]. 财经界(学术版),2018 (5):4-6.

部的功能分工问题,这也是中部地区平衡发展中的突出问题。当前,就发展现状而言,中部地区部分城市群实际上还远远没有达到城市群的标准,除武汉之外的其他大城市的发展尚不成型,难以带动周边城市群的发展,辐射力不强,产业聚集力、吸引力和带动力也都有待加强,存在显著的"小马拉大车"的现象。①

《规划》中将中部地区定位为全国生态文明建设示范区和全国新型城镇化重点区,实际上是将生态文明建设和新型城镇化两项解决中国平衡发展问题的重大任务交给了中部地区,这显然将成为新常态下"中部崛起"的重大利好。首先,根据当前我国经济社会发展进入新时期的新要求,《规划》提出了全国生态文明建设示范区的定位,中部崛起应当是绿色的崛起、和谐的崛起,不能以牺牲生态环境、损害下一代生存空间为代价。其次,全国新型城镇化重点区定位的提出,意味着中央政府已经将中部地区作为我国实施新型城镇化的试验场。借助于新型城镇化,加强统筹城乡发展,基于集聚效应进一步降低公共服务成本,促进城镇和城市群的集聚发展,对于吸引东部沿海地区农民工和创业者返乡,吸引西部地区人口进入,具有十分重要的现实意义。

(三)提质增效:"中部崛起"的必由之路

在经济发展新常态下,发展质量和发展效益已经成为中部地区发展的"一体两翼",决定着"中部崛起"战略的成败。在《规划》中,中央政府对于新时期促进中部地区崛起的指导思想作了进一步明确,要求全面贯彻党的十八大和党的十八届三中、四中、五中、六中全会精神,深入贯彻习近平总书记系列重要讲话精神和治国理政新理念新思想新战略,认真落实党中央、国务院决策部署,统筹推进"五位一体"总体布局和协调推进"四个全面"战略布局,牢固树立和贯彻落实创新、协调、绿色、开放、共享的发展理念,适应、把握和引领经济发展新常态,与推进"一带一路"建设、京津冀协同发展、长江经济带发展"三大战略"相衔接,以提高发展质量和效益为中心,以供给侧结构性改革为主线,以全面深化改革为动力,坚持创新驱动发展,加快推动新旧动能转换,加快推进产

---

① 肖金成. 中部崛起的新机遇与新挑战[J]. 区域经济评论, 2018(1): 20-21.

业结构优化升级,加快打造城乡和区域一体化发展新格局,加快构筑现代基础设施网络,加快培育绿色发展方式,加快提升人民生活水平,推动中部地区综合实力和竞争力再上新台阶,开创全面崛起新局面。

根据新形势、新任务,《规划》为"中部崛起"指引了明确的方向。《规划》明确了今后十年"中部崛起"的工作思路和重点任务,指出为推动中部地区全面崛起,应继续加大对中部地区发展的政策支持,进一步发挥对全国发展的支撑作用。具体而言,未来应在巩固提升中部地区原有"三基地、一枢纽"(全国重要粮食生产基地、能源原材料基地、现代装备制造及高技术产业基地和综合交通运输枢纽)定位的基础上,进一步赋予中部地区"一中心、四区"的新战略定位,即全国重要先进制造业中心、全国新型城镇化重点区、全国现代农业发展核心区、全国生态文明建设示范区、全方位开放重要支撑区。《规划》提出了九个方面的重点任务:一是优化空间,构建区域协调发展新格局;二是改革创新,培育发展新动能;三是转型升级,建设现代产业新体系;四是做强做优,开创现代农业发展新局面;五是统筹城乡,推动新型城镇化取得新突破;六是纵横联通,构筑现代基础设施新网络;七是绿色发展,打造蓝天碧水新家园;八是增进福祉,促进人民生活迈上新台阶;九是开放合作,塑造区域竞争新优势。《规划》明确的主要目标是,到2020年中部地区全面建成小康社会,经济保持中高速增长、迈向中高端水平,现代农业发展走在全国前列,生态环境质量总体改善,人民生活水平和质量普遍提高。① 这一定位是对原来中部地区"三基地、一枢纽"定位的升级,再一次显示了新常态下国家对"中部崛起"战略的重视程度。

作为区域发展的中流砥柱,地市级政府是中部地区发展的重要推动者。在地市级政府发展中,各级政府职能的有效履行,构成了经济社会发展的关键环节。为了科学、客观评价地方政府职能的履行情况,本书依靠海量数据集成的政府绩效信息数据库,以区域、省域以及地市级政府为对象,从政府职能中对外职能管理和政府内部管理两方面出发,深入分析2012年中部地区政府的综合绩效及各职能领域绩效,进而指出中部地区发展中的总体问题,提出相应的政策建议。

---

① 《促进中部地区崛起规划(2016~2025年)》政策解读[EB/OL]. [2016-12-9]. http://www.scio.gov.cn/34473/34515/Document/1535229.htm.

二、地市级政府综合绩效的特点

政府综合绩效是评价各级政府的基本标准。2012年,中部地区所辖地市级政府综合绩效呈现三个特点:一是区域平均水平显著提升,发展较为均衡;二是各省平均水平波动较大,部分省下滑明显;三是长沙超越合肥成为中部地区地市级政府综合绩效新的领跑者。

(一)区域政府综合绩效整体水平显著提升

区域整体水平是区域地市级政府综合绩效中最重要的指标。通过分析发现,中部地区所辖地市级政府综合绩效整体水平位居全国中游。如图7-2所示,2012年中部地区所辖地市级政府综合绩效平均得分为5.16分,超越了东北地区的5.00分,排名上升到全国次席,仅落后于东部地区的5.69分;同时也应看到,中部与东部的平均得分差距由2010年的0.69分缩小到2012年的0.53分,上升势头显著。稍显遗憾的是,虽然相差仅0.02分,但2012年中部地区得分依旧未能达到全国平均水平的5.18分。

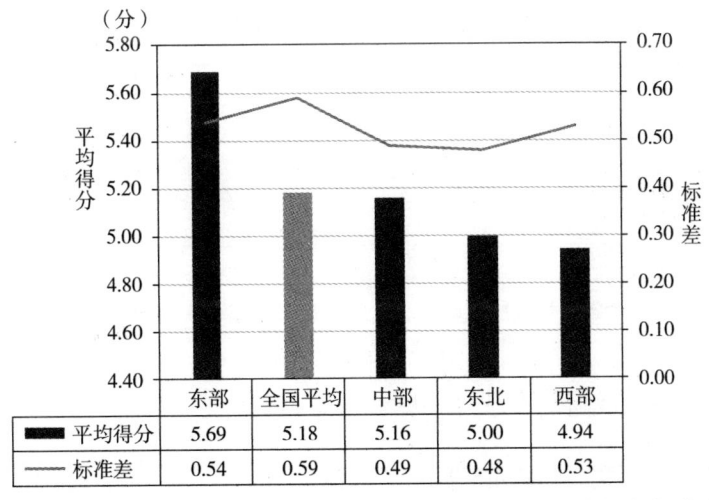

图7-2　2012年全国各地区所辖地市级政府综合绩效平均得分与标准差

(二) 区域内政府综合绩效较为均衡

区域内的均衡发展程度也是衡量区域地市级政府综合绩效的重要指标。研究发现，中部地区所辖各地市级政府之间综合绩效的发展较为均衡。联系图7-3可以看到，虽然在一等绩效地市级政府数量上表现并不出彩，只比西部多1个，但中部地区全部81个地市级政府中有多达62个政府达到了二等、三等绩效，比例高达76.54%，明显高于东北地区的71.88%和西部地区的65.63%；且中部地区的四等绩效地市级政府数量要远远少于西部地区的36个，仅仅比有32个地市级政府但四等绩效却达到7个的东北地区多3个。这在一定程度上反映出，中部地区所辖地市级政府在综合绩效层面的均衡发展状况要优于西部地区与东北地区。

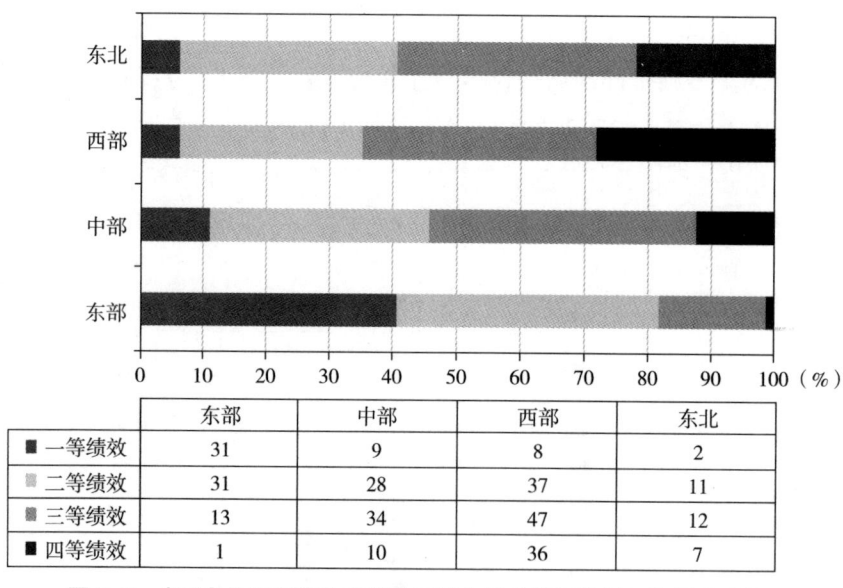

图7-3　全国各地区所辖地市级政府综合绩效等级数量与比例分布情况

(三) 区域内政府综合绩效领跑者竞争激烈

排名反映了区域内各地市级政府综合绩效的实际水平。表7-1显示，中部地区地市级政府综合绩效领跑者的竞争较为激烈。2012年中部地区地市级政府综合绩效前3名分别是长沙市、芜湖市和株洲市，这也是中部地区进入全国绩效前

20 名仅有的 3 个市。长沙市冲刺到 2012 年的中部第 1 全国第 13，其政府综合绩效水平正迈上一个新的高度；相比之下，合肥市则略显落寞，其排名一路下滑至中部第 7 全国第 34，甚至在安徽省内的排名也被芜湖、马鞍山 2 个市超越，郑州市和铜陵市 2012 年也大幅度滑落到第 9 和第 10。由此可见，作为一个正在全力发展力求迅速崛起的区域，中部地区不但要在外部与东部、西部和东北地区竞争，其内部省际间、地市级政府间的竞争也相当激烈，这从相隔 2 年前 3 名全部更替的现象中可见一斑。

在具体排名中，一方面，中部地区的前 10 名中有 9 个进入了全国的前 50 名，但省际分布并不均衡。其中，安徽占 3 席，分别是芜湖、马鞍山、合肥，湖南占 2 席，分别是长沙、株洲，江西占 2 席，分别是南昌、新余，河南、山西都仅占 1 席，分别是郑州、太原，湖北则没有地市级政府进入中部地区前 10 名。安徽省铜陵市排在中部地区第 10 名，居全国第 54 位。另一方面，中部地区的后 10 名地市级政府均位于全国第 250 名之后，湖南省内差距显著。其中，湖南占 4 席，分别是怀化、邵阳、娄底、张家界，安徽占 2 席，分别是亳州、宿州，山西占 2 席，分别是吕梁、忻州，湖北、河南都仅占 1 席，分别是黄冈、信阳，江西则没有地市级政府进入中部地区后 10 名。可以看到，湖南不仅包揽了倒数后 4 名中的 3 席，且其所辖的张家界市是中部地区仅有的 1 个居于全国 300 名之后的地市级政府，这与其省会长沙在 2012 年的出色表现形成了鲜明的对比，进一步反映了该省所辖地市级政府之间所存在的显著差距。

表 7-1 2012 年中部地区所辖地市级政府综合绩效前 10 名和后 10 名

政府综合绩效前 10 名				政府综合绩效后 10 名			
中部名次	地市级政府	所属省份	全国名次	中部名次	地市级政府	所属省份	全国名次
1	长沙市	湘	13	72	亳州市	皖	265
2	芜湖市	皖	17	73	吕梁市	晋	269
3	株洲市	湘	20	74	怀化市	湘	271
4	南昌市	赣	28	75	信阳市	豫	283
5	马鞍山市	皖	30	76	忻州市	晋	286

续表

	政府综合绩效前 10 名				政府综合绩效后 10 名		
6	新余市	赣	32	77	宿州市	皖	289
7	合肥市	皖	34	78	邵阳市	湘	294
8	太原市	晋	47	79	黄冈市	鄂	295
9	郑州市	豫	48	80	娄底市	湘	299
10	铜陵市	皖	54	81	张家界市	湘	307

三、各省地市级政府绩效的特点

总结各省的政府绩效特点，能够为省级层面政府管理改进提供针对性参考。本章从分省总体情况切入，分析归纳中部地区 6 省各自的政府综合绩效与分职能领域绩效的优点与弱项，旨在进一步清晰地展示中部地区地市级政府绩效的实际状况，为最后的研究性发现提供数据支持。

（一）中部地区各省总体情况：喜忧参半，问题各异

研究发现，中部地区各省在本次地市级政府绩效评估中表现不一，问题各异。图 7-4 显示，2012 年中部地区地市级政府综合绩效排名从高到低依次为安徽、江西、山西、河南、湖南、湖北。其中，安徽省一共有 16 个地市级政府，其平均绩效得分是 5.31 分；江西省一共有 11 个地市级政府，其平均绩效得分是 5.21 分；山西省一共有 11 个地市级政府，其平均绩效得分是 5.16 分；河南省一共有 17 个地市级政府，其平均绩效得分是 5.14 分；湖南省一共有 14 个地市级政府，其平均绩效得分是 5.12 分；湖北省一共有 12 个地市级政府，其平均绩效得分是 4.97 分。

分析发现，中部地区各省所辖地市级政府综合绩效平均水平波动较大。就 2012 年中部地区各省所辖地市级政府综合绩效平均水平而言，中部地区 6 省中安徽和江西 2 省的平均得分超过全国平均水平，山西高于中部平均水平但略低于全国平均水平，河南、湖南 2 个省则略低于中部平均水平，而湖北与中部平均水平

尚存在显著差距。2010 年的中部地区排名为河南、安徽、江西、湖北、山西、湖南，对比 2012 年的数据可以看到，中部地区各省所辖地市级政府综合绩效平均水平出现了明显变化，其中江西升至中部第 2，河南从中部第 1 下滑至第 4，甚至跌到了中部平均水平以下；湖北则由中部第 3 滑落到倒数第 1。

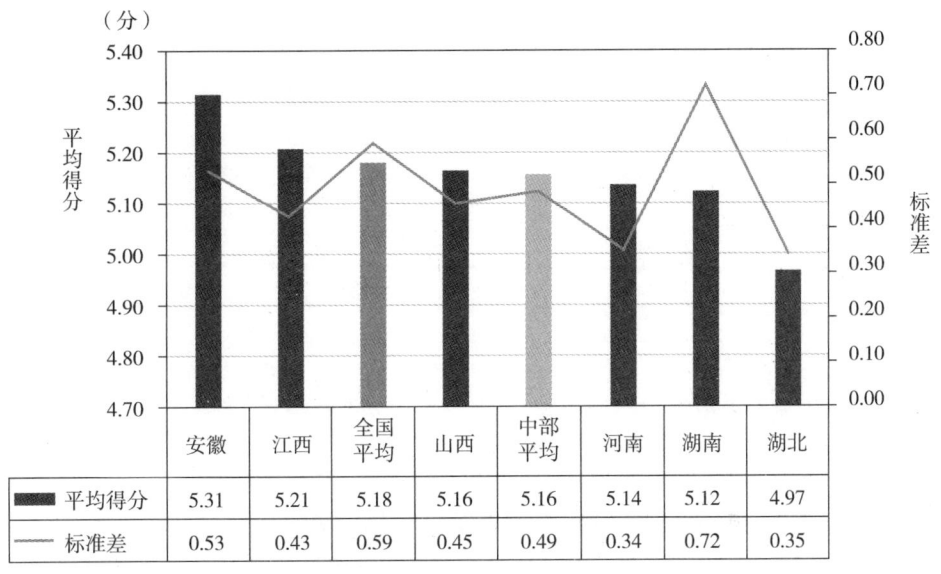

图 7-4　2012 年中部地区各省所辖地市级政府综合绩效平均得分与标准差

联系图 7-5 可以进一步发现河南排名滑落的问题。就该省所辖各级绩效的地市级政府数量而言，其一等绩效数量由 2010 年的 4 个下滑到 2012 年的仅 1 个，二等绩效也由 8 个减少到 6 个，而三等、四等绩效则分别由 5 个、0 个上升到 9 个、1 个，这种状况不可避免地造成了河南整体排名的下滑。

表 7-2 展示了各省在分职能领域绩效方面的排名情况，由此可以判断各省在各职能领域绩效发展方面的均衡程度。可以看到，均衡度最高的是安徽省；相比之下，各项职能排名反差较大的是江西和湖北；山西省、河南省和湖南省则表现中等，至多仅有 1 个职能领域绩效排在中部第 1 或倒数第 1。

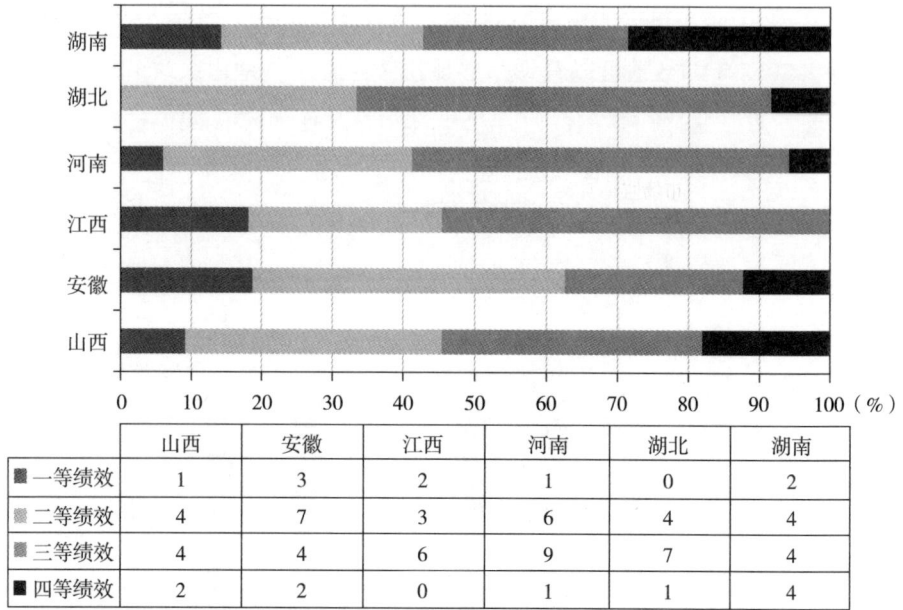

图 7-5 2012年中部地区各省所辖地市级政府综合绩效等级数量与比例分布情况

表 7-2 中部地区各省所辖地市级政府分职能领域绩效排名

排名	经济发展	市场监管	社会管理	公共服务	平衡发展	内部管理
1	江西	江西	湖北	山西	湖北	江西
2	山西	河南	山西	河南	安徽	安徽
3	安徽	湖南	安徽	安徽	湖南	山西
4	湖北	安徽	河南	湖北	江西	湖南
5	湖南	山西	湖南	湖南	河南	河南
6	河南	湖北	江西	江西	山西	湖北

（二）安徽：地市级政府全面发展的典范

作为2012年中部地区地市级政府综合绩效平均水平最高的省份，安徽省是中部地区全面发展的典范。如图7-6所示（雷达图最外面的六边形顶点为中部地区第1名，最里面的六边形顶点为中部地区第6名即倒数第1名，排名按格由外向内依次后列，下同），安徽省在平衡发展和政府内部管理职能中名列第2，在经济发展、社会管理和公共服务职能中名列第3，在市场监管职能中名列第4。

虽然在所有分职能领域都未能排在中部首位，但也都没有落入倒数后2位，这种全面而均衡的表现帮助安徽在综合绩效的比拼中夺魁。

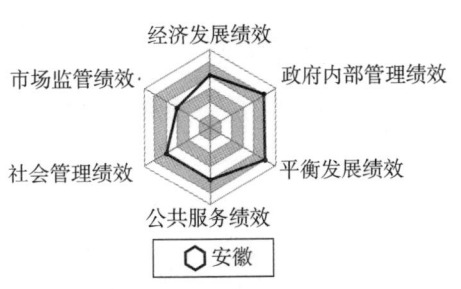

图7-6 安徽省分职能领域绩效排名情况

另外，联系图7-5可以进一步发现安徽夺魁的原因。就各省所辖一等、二等绩效的地市级政府数量占其所辖地市级政府总数的比例而言，安徽占10个，比例达62.5%，远远超过山西与江西的45.45%、湖南的42.86%、河南的41.18%以及湖北的33.33%，且安徽的四等绩效数量较少。从这个角度看，安徽夺魁不无原因。

（三）江西和湖北：两个"针尖对麦芒"的"偏科生"

就图7-7中2012年中部地区的评估结果而言，江西和湖北是两个发展很不均衡以致有些"偏科"的省份，话题性较强。首先是江西，它在经济发展、市场监管、政府内部管理职能中均名列第1，表现亮眼，但在社会管理、公共服务职能中名列倒数第1，对比强烈；其次是湖北，它在社会管理和平衡发展职能中名列第1，但在市场监管和政府内部管理职能中均名列倒数第1。

可以看到，除了公共服务领域相差2个名次以外，江西与湖北在其他5个职能领域均呈现你强我弱、你弱我强的竞争格局，相差都在3个名次以上，尤其是在市场监管、社会管理、政府内部管理3个领域的表现更为显著。可以预见，这种"针尖对麦芒"的"偏科"现象与这两个省的管理基础、政策导向甚或行政文化都存在一定的联系。

（四）山西、河南、湖南：老问题下的新挑战

相比全面发展的安徽和话题性十足的江西与湖北，山西、河南、湖南3个省

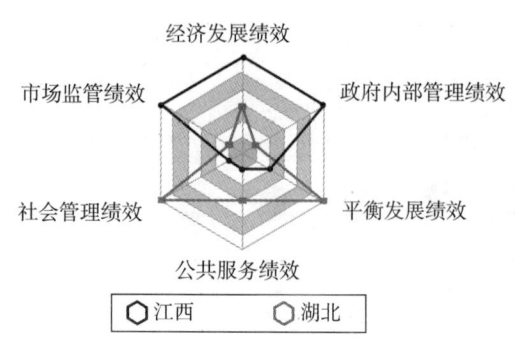

图7-7 2012年江西省和湖北省分职能领域绩效排名情况

的情况则稍显沉闷。其中，山西的主要问题依旧在平衡发展领域，环境治理长期难见起色。如图7-8所示，山西的平衡发展得分不仅全面落后于中部地区其他5省，与全国平均水平也存在不小的差距；另外，图中的标准差数据也说明，山西在平衡发展领域不但整体落后，且各地市级政府间的发展不够均衡，绩效表现差异显著。但与此同时，山西保持了2010年以来在公共服务领域的强势表现，依旧牢牢占据中部地区公共服务的榜首位置，且在经济发展、社会管理领域继续表现优异，最终依然由2010年的中部地区综合绩效第5上升到第3的位置。可以看到，在新时期，山西将面临平衡发展所带来的一系列新的挑战，如若能在平衡发展领域有所改观，甩掉这个长久以来困扰自己的"老包袱"，山西完全有潜力在中部地区甚至全国的排名中更进一步。

河南与湖南的问题则主要在于经济发展方面。如图7-9所示，与江西、山西、安徽3省相比，湖南、河南落后幅度较大，甚至未能达到全国平均水平；另外，这2个省在经济发展领域的省内差异也较大。就湖南而言，在该省全部14个地市级政府中，虽然长沙、株洲、湘潭、岳阳、郴州5个地级市进入了中部地区经济发展绩效的前20名，是数量占比最高的省份，但同时也有益阳、永州、怀化、娄底、邵阳、张家界、湘西7个地级市位列后20名，同样是数量占比最高的省份，由此可见湖南省内各地市级政府在经济发展领域的两极分化程度之严重。参考2010年数据可以看到，就经济发展领域而言，河南与湖南2个省始终未能进入中部地区前3名，难以取得突破。如何在未来的竞争中解决经济发展这个老问题，达成更好的政府绩效，将是两省所面临的一大挑战。

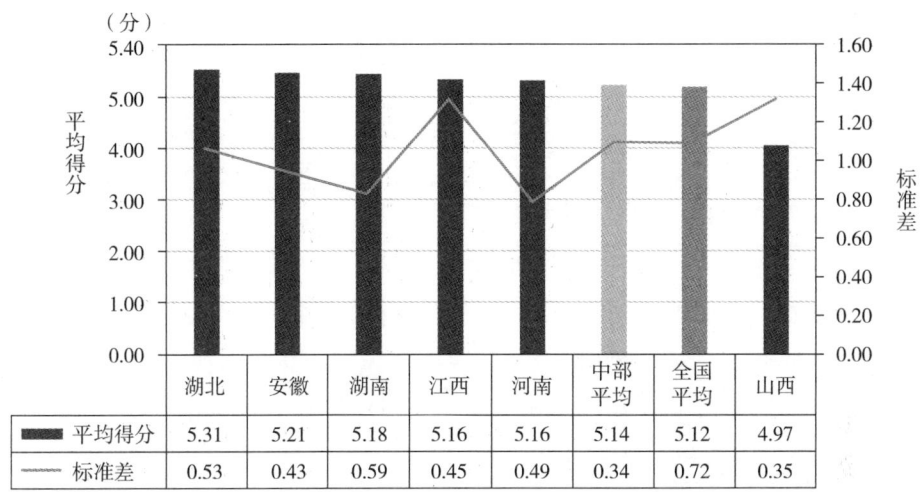

图 7-8 中部地区各省所辖地市级政府平衡发展绩效平均得分与标准差

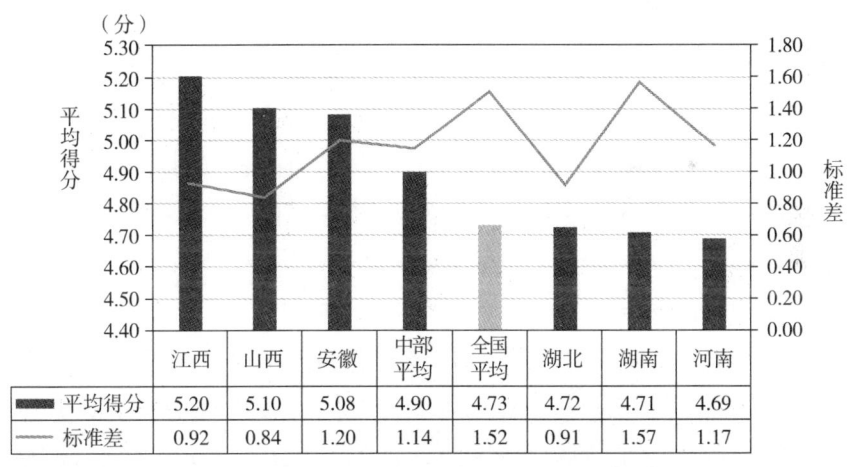

图 7-9 中部地区各省所辖地市级政府经济发展绩效平均得分与标准差

四、地市级政府分职能领域绩效的特点

政府分职能领域绩效也是评价各级政府的重要标准。本书将政府职能划分为对外职能管理和内部管理两大部分。在对外职能管理中，又将其细化为经济发展职能、市场监管职能、社会管理职能、公共服务职能和平衡发展职能；内部管理职能

则包括依法行政、行政效能、行政成本、行政廉洁和行政公开五项评估指标。

比较全国各地区所辖地市级政府分职能领域绩效平均得分可以发现，与综合绩效排名类似，中部地区的分职能领域绩效也大部分位居全国中游，如经济发展、市场监管与公共服务绩效名列全国第二，社会管理、平衡发展与政府内部管理绩效名列全国第三。与2010年排名情况相比，2012年中部地区除市场监管、平衡发展绩效排名未变动外，其他大部分职能领域绩效排名均呈现上升趋势，如经济发展绩效由全国第三升至第二，社会管理绩效由第四升至第三，公共服务绩效由第三升至第二。唯一美中不足的是，中部地区的政府内部管理绩效由2010年的全国第二跌落到2012年的第三。下文将围绕此6大职能领域，对中部地区及其各省、各地市级政府的政府绩效进行分项评估。

（一）经济发展绩效：稳步提升下的均衡发展

经济发展职能，是指政府从社会经济生活宏观的角度，履行对国民经济进行全局性的规划、协调、服务、监督的职能和功能。它是为了达到一定目的而采取的组织和干预社会经济活动的方法、方式、手段的总称。当前，衡量经济发展绩效的主要手段是GDP/人均GDP或财政收入/人均财政收入，下文将使用经济增长、经济结构以及经济效果三个二级指标综合代表经济发展绩效。

通过分析发现，中部地区所辖地市级政府经济发展绩效整体水平位居全国中上游，表现良好。图7-10显示，中部地区所辖地市级政府经济发展绩效平均得分为4.90分，高于东北地区的4.83分和西部地区的3.83分，位居全国次席，仅落后于东部地区的6.03分。联系图7-11可以看到，与2010年相比，2012年中部地区中一等、二等经济发展绩效政府数量达到48个，占其所辖81个地市级政府总数的59.26%，比2010年的49.4%提升了近10个百分点，呈现出良好的发展势头。

就区域内部经济发展绩效差异而言，图7-10显示，中部地区的标准差是四大区域中最低的，各地市级政府差异较小，表现较为均衡。联系图7-11可以进一步看到，与综合绩效表现类似，中部地区的经济发展绩效同样以二等、三等绩效为主，四等绩效数量极少，呈现齐头并进的态势。

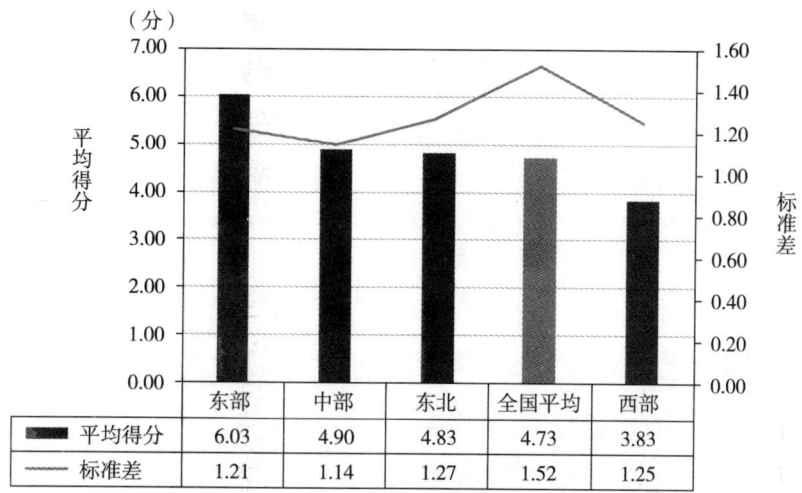

图 7-10 全国各地区所辖地市级政府经济发展绩效平均得分与标准差

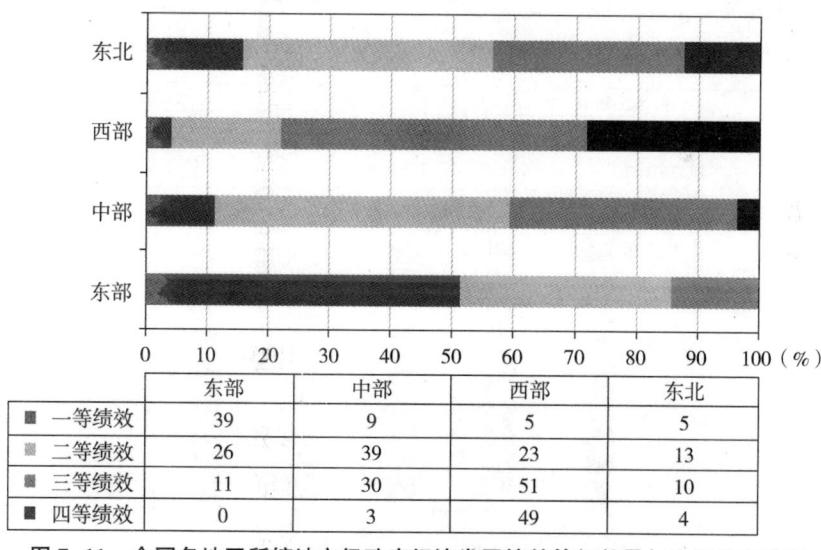

图 7-11 全国各地区所辖地市级政府经济发展绩效等级数量与比例分布情况

另外,具体到地市级政府经济发展绩效的表现上,长沙市以 74.18 分位居中部地区地市级政府经济发展绩效第 1,同时位居全国第 3,可圈可点。郑州市以 73.47 分位居中部地区第 2,同时位居全国第 5。合肥市以 70.46 分位居第 3,同时位居全国第 9。同 2010 年的表现类同,作为湖南、河南、安徽的省会,以上 3 座城市继续在经济发展领域排入全国前 10,进一步印证了中部崛起的时代趋势。

(二) 市场监管绩效：以新余为代表的跨越式发展

市场监管职能，是指政府依法对市场主体及其行为进行监督和管理，维护公平竞争的市场秩序，形成统一、开放、竞争、有序的现代市场体系。具体而言，政府的市场监管职能包括：界定和保护各类产权；创造良好的信用环境；促进全国统一市场的形成，扩大市场对内对外开放，逐步消除行政性垄断，加强对自然垄断行业的规范；对产品定价和产品质量信息披露行为进行严格监管等。下文为了更好地衡量市场监管职能的绩效，将市场监管职能划分为企业行为监管、产品质量监管以及市场秩序监管三个分职能领域，进而计算各指标得分并排序。

分析显示，中部地区所辖地市级政府市场监管绩效整体水平位居全国上游。从图7-12全国各地区所辖地市级政府市场监管绩效平均得分中可以看到，中部地区所辖地市级政府市场监管绩效平均得分为5.31分，高于西部地区的4.93分和东北地区的3.82分，仅比东部地区的5.41分略低，居全国次席。应当看到，2012年中部地区与东部地区在市场监管领域的绩效得分差距的差值有所降低。

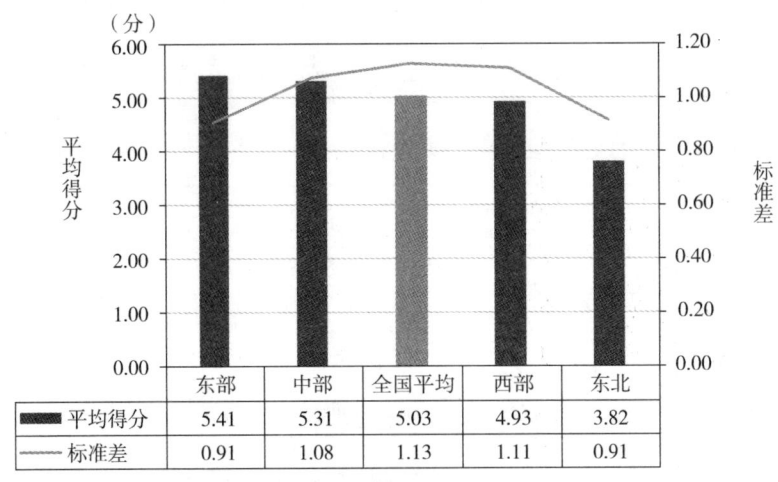

图7-12 全国各地区所辖地市级政府市场监管绩效平均得分与标准差

从表7-3可以看到，中部地区所辖地市级政府市场监管绩效前20名的细分领域全国排名中，中部地区有4个地市级政府进入全国前10名，表现突出；在全国前50名中，中部地区占16个，占比32%。值得一提的是，江西省部分地市

第七章 "公开信息"评估：一种第三方政府绩效评估技术

在2012年的市场监管领域表现极其出色，新余市的市场监管排名从2010年的全国第120名急速升至2012年的全国第1，景德镇和萍乡也分别由之前的第269和第158冲入2012年的全国前10。河南许昌市则延续了其在市场监管领域的亮眼表现，由全国第10进一步升至全国第4。另外，在市场监管绩效全国300名以外的17个地市级政府中，中部地区仅恩施1个，进一步印证了中部地区在本领域所实现的跨越式发展。

表7-3　2012年中部地区所辖地市级政府市场监管绩效前20名的细分领域区域内排名

中部排名	全国排名	所属省份	地市级政府	企业行为监管绩效	产品质量监管绩效	市场秩序监管绩效
				市场监管绩效细分领域全国排名		
1	1	赣	新余市	48	6	2
2	4	豫	许昌市	5	54	70
3	8	赣	景德镇市	58	93	4
4	9	赣	萍乡市	52	88	12
5	15	湘	株洲市	23	143	43
6	19	湘	长沙市	17	84	177
7	21	赣	上饶市	22	85	149
8	32	赣	南昌市	71	86	91
9	33	豫	新乡市	4	78	242
10	36	皖	芜湖市	223	3	135
11	41	豫	郑州市	7	17	316
12	42	豫	开封市	19	62	255
13	45	赣	抚州市	123	128	33
14	46	赣	鹰潭市	127	201	3
15	49	皖	淮北市	183	25	119
16	50	豫	周口市	9	76	263
17	52	湘	岳阳市	65	149	86
18	55	湘	衡阳市	2	244	142
19	57	豫	驻马店市	1	46	313
20	58	豫	焦作市	6	69	302

(三) 社会管理绩效：平稳发展但缺乏突出个体

社会管理职能，是通过制定社会政策和法规，依法管理和规范社会组织、社会事务，化解社会矛盾，调节收入分配，维护社会公正、社会秩序和社会稳定。具体而言，社会管理主要包括两个主要方面的内容：首先，政府应保障公民享有宪法规定的经济、政治和文化权利。依法指导和帮助非政府组织的健康发展，推进社区和乡村基层组织自治；为落实公民在选举、决策、管理和监督等方面的民主权利创造条件。其次，政府应维护社会安全秩序。依法惩处各种犯罪活动；妥善处理突发性、群体性事件；解决好各种利益矛盾和纠纷；在安全生产方面实行严格的监督管理；做好防灾减灾工作等。下文结合了理论研究和我国的现实情况，将社会管理职能划分为三个方面：社会组织与人口管理、社会安全管理以及社会保障和就业，在此基础上计算各指标得分和综合得分。

通过分析发现，中部地区所辖地市级政府社会管理绩效整体水平位居全国中游。图7-13显示，中部地区所辖地市级政府社会管理绩效平均得分为5.39分，落后于东北地区的6.28分和西部地区的5.56分，高于东部地区的4.69分，位居全国第3。

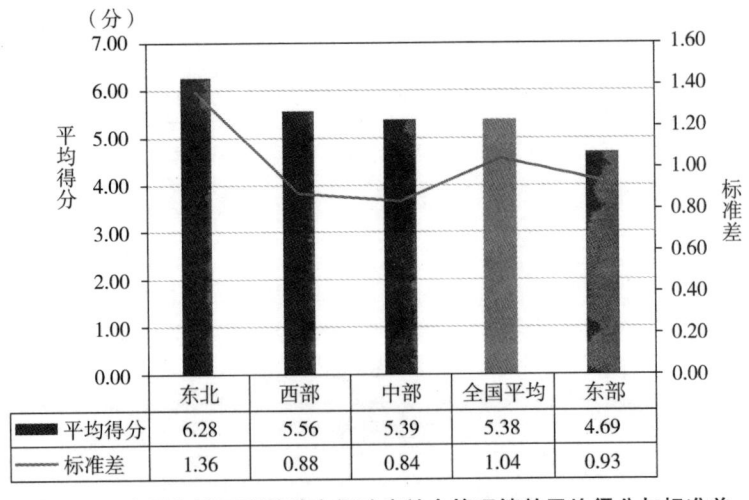

图7-13 全国各地区所辖地市级政府社会管理绩效平均得分与标准差

第七章 "公开信息"评估：一种第三方政府绩效评估技术

对比图7-14可以看到，2012年中部地区中一等社会管理绩效政府数量达到10个，二等、三等绩效政府数量达到62个，比2010年增加8个，四等绩效数量则大幅度降低到9个。整体来看，类似于经济发展领域，中部地区在社会管理的各级绩效方面同样表现出了平稳发展、齐头并进的势头。

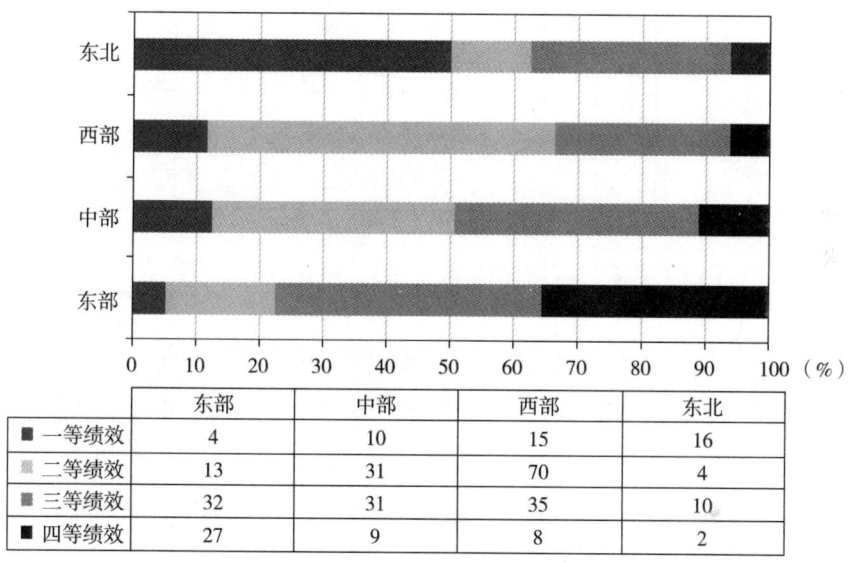

	东部	中部	西部	东北
一等绩效	4	10	15	16
二等绩效	13	31	70	4
三等绩效	32	31	35	10
四等绩效	27	9	8	2

图7-14 2012年全国各地区所辖地市级政府社会管理绩效等级数量与比例分布情况

与中部地区的长沙、新余等市在经济发展、市场监管领域的亮眼表现相比，中部地区地市级政府在社会管理绩效领域同样存在令人遗憾的一面——缺乏表现突出的个体，群体表现过于平淡。表7-4显示，中部地区地市级政府社会管理绩效的第1名荆门市仅仅位居全国第16名，其与安徽省的黄山市也是中部地区仅有的两个进入全国前20名的政府。尽管整体表现稳中向好，没有一个地市级政府排到全国300名开外，但拥有优异表现个体的缺乏制约了中部地区在本领域的进一步提升。

表7-4 中部地区所辖地市级政府社会管理绩效前10名和后10名

社会管理绩效前10名				社会管理绩效后10名			
中部名次	地市级政府	所属省份	全国名次	中部名次	地市级政府	所属省份	全国名次
1	荆门市	鄂	16	72	吉安市	赣	267

续表

	社会管理绩效前 10 名				社会管理绩效后 10 名		
2	黄山市	皖	18	73	长沙市	湘	272
3	宜昌市	鄂	22	74	宜春市	赣	274
4	恩施州	鄂	24	75	宿州市	皖	279
5	襄阳市	鄂	27	76	南昌市	赣	281
6	鹤壁市	豫	31	77	抚州市	赣	283
7	宣城市	皖	32	78	上饶市	赣	284
8	运城市	晋	36	79	新乡市	豫	285
9	晋城市	晋	42	80	合肥市	皖	286
10	安庆市	皖	45	81	鄂州市	鄂	295

(四)公共服务绩效：突出个体少且省会表现乏力

公共服务职能，是指政府提供公共产品和服务的职责和能力。从广义上来看，公共服务应包括加强城乡公共设施建设，发展社会就业、社会保障服务、发布公共信息等，维护宏观经济稳定、市场秩序和社会秩序，为社会公众生活和参与社会经济活动提供保障和创造条件等。下文根据目前我国地方政府提供公共服务的实际内容，将这一职能的范围划分为四个方面：基础设施、科技教育、医疗卫生以及文化体育，进而计算各指标得分及综合得分。

分析显示，中部地区所辖地市级政府公共服务绩效整体水平位居全国中游。从图 7-15 可以看到，中部地区所辖地市级政府公共服务绩效平均得分为 5.02 分，高于东北地区的 4.98 分和西部地区的 4.45 分，仅低于东部地区的 6.15 分，居全国次席。虽然排名比较理想，但也应当看到，中部地区地市级政府的公共服务绩效不仅与东部地区存在较大差距，而且尚未能达到全国平均水平，与东北地区和西部地区也未拉开差距，这表明中部地区的公共服务现状并非如排名那般令人满意。

应当看到，中部地区地市级政府在公共服务领域追赶东部地区的任务还很艰巨。在表 7-5 中可以发现，一方面，突出个体少——中部地区进入全国公共服务绩效前 10 名的地市级政府只有 1 个黄山市，进入前 20 名的也仅有黄山、铜陵；另一方面，省会表现弱，仅太原排在中部第 3。一般而言，中部地区省会等核心城市集聚了该地区最优质的公共服务资源，拥有创造高绩效的先天条件，但实际

第七章 "公开信息"评估：一种第三方政府绩效评估技术

表现却如此乏力，值得深思。

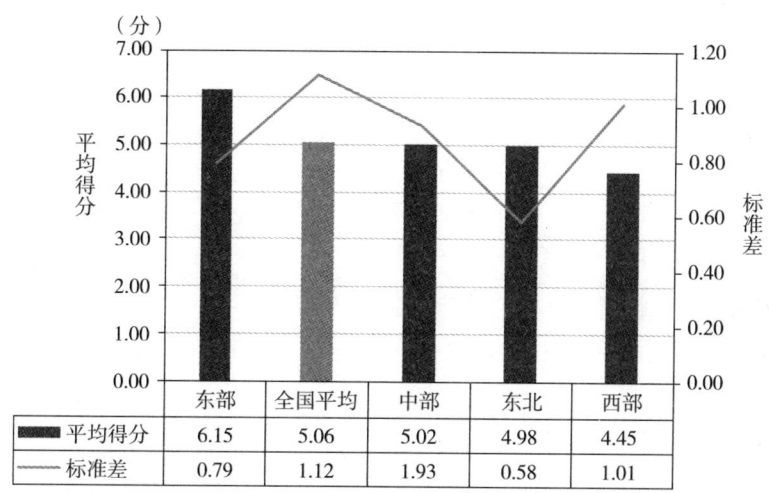

图 7-15 全国各地区所辖地市级政府公共服务绩效平均得分与标准差

表 7-5 中部地区所辖地市级政府公共服务绩效前 10 名和后 10 名

公共服务绩效前 10 名				公共服务绩效后 10 名			
中部名次	地市级政府	所属省份	全国名次	中部名次	地市级政府	所属省份	全国名次
1	黄山市	皖	7	72	益阳市	湘	263
2	铜陵市	皖	12	73	六安市	皖	266
3	太原市	晋	27	74	赣州市	赣	278
4	阳泉市	晋	28	75	鹰潭市	赣	283
5	长治市	晋	30	76	邵阳市	湘	284
6	芜湖市	皖	35	77	亳州市	皖	289
7	运城市	晋	38	78	新余市	赣	290
8	大同市	晋	41	79	阜阳市	皖	292
9	晋城市	晋	48	80	宜春市	赣	298
10	马鞍山市	皖	49	81	抚州市	赣	308

(五) 平衡发展绩效:两极分化下的失衡发展

平衡发展职能,是指通过转变发展思路,调整政策方式和工具,以此促进经济社会协调发展。改革开放以来,虽然我国取得了巨大的成就,但也出现了各类发展不平衡的问题,如区域发展不平衡、城乡发展不平衡、居民收入差距不断扩大、经济社会发展不平衡、经济发展受到资源与环境的约束加剧等。下文以环境保护、城乡平衡发展以及区域平衡发展三项指标作为平衡发展的代理指标和变量,进而计算各指标得分并综合排序。

通过分析发现,中部地区所辖地市级政府平衡发展绩效整体水平位居全国中游。图7-16显示,中部地区所辖地市级政府社会管理绩效平均得分为5.23分,落后于东部地区的5.67分和东北地区的5.63分,高于西部地区的4.77分,位居全国第3。应当看到,虽然高于全国平均水平的5.19分,但中部地区得分与东北和东北地区仍然存在显著的差距;同时从标准差数据也可以发现,中部地区区域内各地市级政府在平衡发展绩效领域的表现很不均衡。

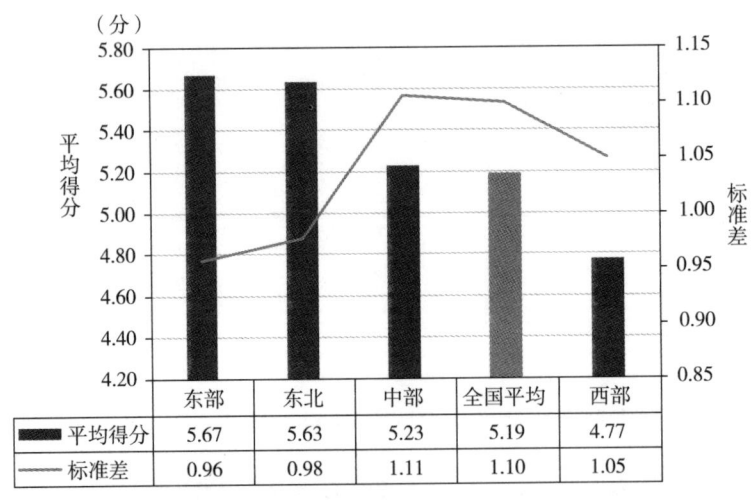

图7-16 全国各地区所辖地市级政府平衡发展绩效平均得分与标准差

联系表7-6的数据则进一步验证了上述第2个结论。一方面,中部地区部分地市级政府的平衡发展绩效表现突出,有6个地市级政府进入了全国的前20名,且鄂州、新余2个市进入了全国前5；但另一方面，中部地区的山西省在平衡发展绩效方面表现依旧糟糕，其11个地市级政府中有6个位列中部后10名，包揽了倒数后5名，且有4个市位列全国第300名之后的17市中，占比接近1/4，其所辖的临汾市从去年的全国倒数第8进一步滑落至全国倒数第1。一正一反，中部地区地市级政府的平衡发展绩效呈现出了显著的两极分化态势。如何能尽快逆转颓势，帮助山西等省份走出泥潭？这既是中部地区地市级政府进一步提升平衡发展绩效的现实需要，又是新时期继续深入推进实施"中部崛起"战略时摆在决策者面前的当务之急。

表7-6 中部地区所辖地市级政府平衡发展绩效前10名和后10名

平衡发展绩效前10名				平衡发展绩效后10名			
中部名次	地市级政府	所属省份	全国名次	中部名次	地市级政府	所属省份	全国名次
1	鄂州市	鄂	3	72	朔州市	晋	283
2	新余市	赣	5	73	十堰市	鄂	284
3	黄山市	皖	11	74	赣州市	赣	289
4	湘潭市	湘	14	75	上饶市	赣	290
5	铜陵市	皖	15	76	阜阳市	皖	291
6	襄阳市	鄂	20	77	长治市	晋	293
7	焦作市	豫	25	78	忻州市	晋	306
8	郑州市	豫	27	79	吕梁市	晋	311
9	萍乡市	赣	30	80	大同市	晋	315
10	益阳市	湘	32	81	临汾市	晋	317

（六）政府内部管理绩效：发展迟缓且缺乏亮点

作为政府管理的生命线，政府内部管理职能实际上与政府对外职能管理的有效履行息息相关，同时也在全方位影响着政府组织在社会和公众中的形象。加强政府自身建设，积极推进政府绩效评估，全面提升政府管理的科学化、制度化和规范化水平，具有相当大的迫切性和现实必要性。下文从依法行政、政府效能、行政廉洁、行政成本和行政公开5个领域近20项客观、可量化、以结果评估为导向的具体指标角度，对中部地区地市级政府内部管理绩效进行了全面的测量、评估和分析。

分析显示，中部地区所辖地市级政府内部管理绩效整体水平位居全国中下游。从图7-17可以看到，中部地区所辖地市级政府内部管理绩效平均得分为4.96分，低于东部地区的5.49分和西部地区的5.04分，仅高于东北地区的4.51分，居全国第3。可以发现，2012年中部地区不但被西部地区超越，其与东部地区的差距也被进一步拉大，这说明中部地市级政府在政府内部管理领域的发展较为迟缓。

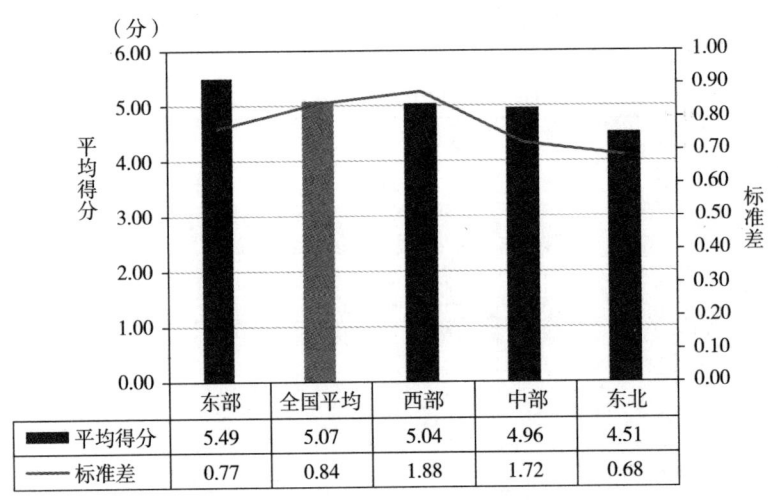

图7-17　全国各地区所辖地市级政府内部管理绩效平均得分与标准差

对比表7-7中部地区所辖地市级政府内部管理绩效前20名的情况可以看到，中部地区地市级政府在内部管理绩效方面缺乏突出个体，即便在细分领域中也少有亮点，仅芜湖1市进入了全国前20名，且仅仅位列第19，大同市的行政效能绩效位列全国第2，赣州市的行政成本绩效位列全国第5。总体而言，中部地区地市级政府的政府内部管理绩效发展较为迟缓，整体表现较为平淡，缺乏有亮点的突出个体。

表 7-7 中部地区所辖地市级政府内部管理绩效前 20 名的细分领域全国排名

中部排名	全国排名	所属省份	地市级政府	政府内部管理绩效细分领域全国排名				
				依法行政绩效	行政效能绩效	行政廉洁绩效	行政成本绩效	政务公开绩效
1	19	皖	芜湖市	32	140	11	58	19
2	25	皖	合肥市	34	24	116	14	25
3	32	赣	南昌市	54	205	89	86	32
4	34	晋	晋城市	93	105	171	123	34
5	36	晋	大同市	230	2	55	106	36
6	37	赣	鹰潭市	89	111	17	107	37
7	45	湘	常德市	72	118	211	60	45
8	48	湘	株洲市	55	23	292	129	48
9	50	湘	衡阳市	153	183	160	73	50
10	52	皖	马鞍山市	45	149	80	104	52
11	58	湘	长沙市	8	310	275	72	58
12	60	赣	上饶市	229	169	71	24	60
13	63	皖	六安市	183	82	100	134	63
14	72	皖	安庆市	115	147	209	110	72
15	77	湘	岳阳市	59	317	191	19	77
16	79	赣	赣州市	217	179	91	5	79
17	84	皖	阜阳市	193	84	32	121	84
18	87	赣	新余市	39	179	25	12	87
19	96	赣	九江市	159	141	92	55	96
20	98	皖	蚌埠市	71	241	43	20	98

五、研究性发现

从 2012 年中部地区综合绩效和分职能领域的评估结果中，至少可以得出三个方面的结论。第一，虽然中部地区经济发展势头良好，但全面崛起尚需时日；第二，中部地区平衡发展依赖经济发展的"提质增效"；第三，中部地区各省第二极城市发展水平较高,未来需对症下药。

(一) 中部地区经济发展势头虽好,但全面崛起尚需时日

在经济发展职能的经济增长、经济结构和经济效果3个细分指标中,后两者在一定程度上代表了经济发展的质量和效果。通过对排名靠前地市级政府数量的统计,可以发现,相比于经济增长,中部地区在2012年的经济发展与其经济结构、经济效果的关系可能更为密切。经前文分析可以看到,中部地区所辖地市级政府经济发展绩效整体水平位居全国中上游,且其一等、二等经济发展绩效政府数量占比显著提升。我们不禁要问,在这种良好势头的背后,究竟是哪些因素在推动中部地区经济发展中发挥了关键作用?通过对表7-8中经济发展绩效进入全国前100的21个中部地区地市级政府进行样本分析可以发现,2012年中部地区仅有4个政府进入经济增长绩效全国前100,进入经济结构绩效和经济效果绩效全国前100的政府却达到5个和9个;而进一步将样本量扩大到经济发展绩效进入全国前150的44个中部地区地市级政府时,经济增长绩效进入全国前100依旧只有9个,而进入经济结构绩效和经济效果绩效全国前100的政府却达到了18个和14个。这种现象在一定程度上说明,在经济发展新常态的要求下,中部地区针对自身优势和问题,在保证经济增长平稳较快增长的同时,适时地加强了对经济结构和经济效果的重视程度,以提质增效为突破点,正走上一条符合自身特色的经济发展之路。

表7-8 中部地区经济发展绩效进入全国前100的44个地市级政府

经济发展绩效中部排名	地市级政府	经济发展绩效全国排名	经济发展绩效细分领域全国排名			经济发展绩效中部排名	地市级政府	经济发展绩效全国排名	经济发展绩效细分领域全国排名		
			经济增长	经济结构	经济效果				经济增长	经济结构	经济效果
1	长沙市	3	35	33	36	5	芜湖市	25	115	174	89
2	郑州市	5	163	117	132	6	太原市	33	110	95	88
3	合肥市	9	206	82	87	7	株洲市	42	145	114	68
4	南昌市	19	88	160	78	8	新余市	55	216	188	216

第七章 "公开信息"评估：一种第三方政府绩效评估技术

续表

经济发展绩效中部排名	地市级政府	经济发展绩效全国排名	经济发展绩效细分领域全国排名			经济发展绩效中部排名	地市级政府	经济发展绩效全国排名	经济发展绩效细分领域全国排名		
			经济增长	经济结构	经济效果				经济增长	经济结构	经济效果
9	洛阳市	56	240	126	233	27	常德市	112	221	21	123
10	襄阳市	61	126	123	188	28	焦作市	113	12	17	53
11	宜昌市	64	128	219	117	29	三门峡市	114	191	46	102
12	马鞍山市	65	3	15	33	30	景德镇市	115	161	87	110
13	铜陵市	74	194	109	136	31	晋城市	117	85	32	193
14	湘潭市	78	226	170	249	32	萍乡市	121	133	28	13
15	岳阳市	80	218	275	243	33	新乡市	124	205	122	120
16	九江市	82	108	96	145	34	黄山市	127	117	101	242
17	朔州市	86	219	282	271	35	阳泉市	133	167	141	187
18	长治市	87	136	104	99	36	安庆市	134	138	121	223
19	许昌市	93	137	137	155	37	滁州市	135	211	148	213
20	郴州市	96	208	169	229	38	临汾市	136	138	133	202
21	黄石市	98	68	132	42	39	大同市	137	2	2	28
22	晋中市	102	28	26	31	40	吕梁市	140	149	283	226
23	宣城市	103	150	47	128	41	平顶山市	142	43	66	118
24	蚌埠市	106	139	71	24	42	赣州市	144	112	201	157
25	淮南市	108	236	61	161	43	宜春市	149	114	242	175
26	衡阳市	110	105	92	239	44	孝感市	150	237	255	126

但是与此同时在图 7-18 中也应看到，中部地区地市级政府的提质增效还有很大潜力可挖。在经济效果绩效上，中部地区为 5.05 分，还落后于全国平均水平的 5.07 分，与东部地区的 6.54 分相差更为明显；在经济结构绩效上，中部地区 5.25 分，仅略高于全国平均水平的 5.13 分，也显著落后于东部地区的 6.07 分。这说明，中部地区经济发展虽然在提质增效上已经取得了一定的成效，但尚有很长一段路要走。

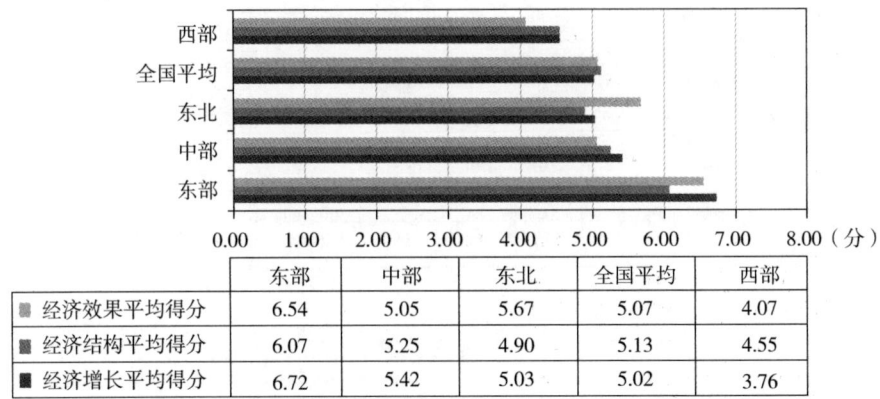

图 7-18 全国各地区所辖地市级政府经济发展细分领域绩效状况

对于中部地区的提质增效，李克强同志指示要着力提高"经济增长的质量和效益"，在改革创新和结构优化中实现"中部崛起"。应当看到，在新时期进一步加强对经济发展质量和发展效果的重视程度，借助于有力的提质增效政策和手段，通过对经济发展潜力的深入挖掘，调结构、稳增长、促发展，不但是中部地区近年来的政策指向，也将是新常态下中部地区经济结构调整和产业结构转型的必由之路。

（二）中部地区平衡发展依赖经济发展的"提质增效"

实务界与学界长期以来流传着一个说法，认为经济发展会不可避免地以破坏平衡发展为代价。借助于相关工具，可以从全国排名的视角分析中部地区地市级政府经济发展绩效与环境保护绩效之间的关系。通过选取中部地区所辖全部81个地市级政府的经济发展绩效得分及其下3个细分领域绩效得分，以及中部地区所辖全部81个地市级政府的平衡发展绩效得分及其下3个细分领域绩效得分为样本，做进一步的相关性分析及差异性检验如表7-9所示。可以发现：经济发展绩效与平衡发展绩效的相关性系数为0.2016，存在一定的相关性；与其下环境保护、城乡差距2个细分领域绩效之间的相关性系数分别为0.4498和0.3711，呈现出较强的正相关性。这说明，经济发展与平衡发展之间存在一定的联系。由此看来，经济发展与平衡发展是可以相互促进的。进一步分析发现，经济增长绩效得分与平衡发展绩效得分之间的相关性系数为0.0640，绝对值小于0.1，并不存在显著的相关性;但经济结构绩效得分、经济效果绩效得分与平衡发展绩效得分之间的相关性系数分别达到 0.1988 和 0.3072,存在一定的正相关性。因此,就经济发展的因素而言,单纯的经济增长与平衡发展之间并不存在绝对的关系,但是经济结构和经济效果却与平衡发展之间存在一定的联系。既然如此,那什么样的经济发展才不会阻碍平衡发展呢?

表 7-9 经济发展绩效与平衡发展绩效之间的相关性分析

	经济增长	经济结构	经济效果	经济发展	环境保护	城乡差距	区域差距	平衡发展
经济增长	1.0000							
经济结构	0.4762	1.0000						
经济效果	0.6398	0.6389	1.0000					
经济发展	0.8820	0.7796	0.8763	1.0000				
环境保护	0.2237	0.5934	0.4281	0.4498	1.0000			
城乡差距	0.3297	0.1495	0.4467	0.3711	0.2802	1.0000		
区域差距	-0.2714	-0.0847	-0.0917	-0.1967	-0.1100	0.1639	1.0000	
平衡发展	0.0640	0.1955	0.3072	0.2016	0.3670	0.7406	0.7279	1.0000

表 7-10 中长沙市与合肥市的对比进一步明确了问题的答案:经济结构和经济效果绩效较高的经济发展才能与平衡发展共存。作为中部地区仅有的 2 个平衡发展绩效和经济发展绩效同时进入全国前 50 的地市级政府之一(另一个是郑州市),长沙的平衡发展排全国第 33 位,经济发展绩效排第 3 位,其下的经济结构绩效排第 33 位,经济效果绩效排第 36 位,可以看到,虽然长沙的经济增长迅速,但借助其在经济结构、经济效果方面的全面发展,长沙依旧在平衡发展绩效上取得了不俗的排名;相比之下,合肥市虽然经济发展绩效同样较高,排名全国第 9,但由于在经济结构、经济效果领域表现不佳,仅排名第 82、第 87 名,导致其平衡发展绩效与长沙存在巨大差距,仅仅位列全国第 235 名,与其综合绩效全国第 34 的排名也并不相称。

联系长沙与合肥的领跑者之争可以进一步看到,在中国全面建成小康社会的当前,社会主要矛盾已经转化为人民日益增长的美好生活需要和不平衡、不充分的发展之间的矛盾,以合肥等地市为典型代表的不平衡、不充分的发展模式已经落后于历史潮流。未来，中部地区各级政府应进一步深入贯彻中央精神，咬定全面发展不放松，不断提升地市级政府管理绩效、管理水平。

表7-10 长沙市与合肥市的平衡发展绩效与经济发展绩效排名对比

地市级政府	平衡发展全国排名	经济发展全国排名	经济结构全国排名	经济效果全国排名
长沙市	33	3	33	36
合肥市	235	9	82	87

（三）中部地区各省第二级城市发展水平较高，未来需对症下药

分析显示，中部地区各省第二级城市发展水平较高。通过比较各区域内非副省级、省会的地市级政府综合绩效平均得分与该区域平均得分的差值，能够对该区域内部的第二级城市的综合绩效状况做出判断，进而能对该区域的单极化或多极化发展趋势做出初步的结论。图7-19显示，中部地区非副省级、省会的地市级政府（芜湖、株洲、新余、焦作、大同、荆门6市）综合绩效平均得分与该区域平均得分的差值是四大区域中最高的，达到0.65分，高于东北地区、西部地区、东部地区的0.64分、0.50分和0.34分，也明显高于全国平均水平的0.52分。这在一定程度上说明，省内除副省级、省会城市之外，出现了另一个在综合绩效领域显著的高点，相对全国其他区域来说存在着更为明显的多极化发展趋势。

进一步分析可以看到，中部地区各省第二级城市的突出表现原因不一。通过分析各职能领域绩效全国排名发现，6市在综合绩效全国排名上表现优异的原因各有不同。表7-11显示，芜湖市、株洲市、荆门市在保证其他领域中游水准的同时，在部分领域表现突出。如芜湖市在经济发展、市场监管、公共服务、政府内部管理领域均进入全国前40，株洲市在经济发展、市场监管、政府内部管理领域均进入全国前50，荆门这种市场监管、社会管理、平衡发展领域均进入全国前100。与此同时，该3市在任一领域的绩效排名都位居全国前200以内，表现出稳步发展、特色突出的态势。焦作市和大同市以其在各职能领域绩效的均衡表现见长。焦作市没有任何职能领域进入全国前20，但在大部分领域都进入全国前150，

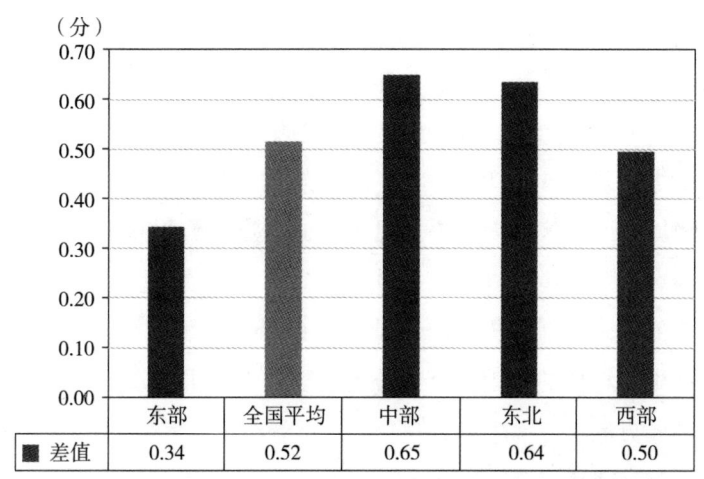

图 7-19 全国四大区域内各省非副省级、省会的地市级政府综合绩效
最高分的平均值与该区域地市级政府综合绩效平均得分的差值

仅在社会管理领域排在全国第 208 位;大同市的表现则更为显著,其在大部分领域的发展较为均衡。相对来说,新余市则在各职能领域绩效上呈现出一定的"走极端"的特点,其在市场监管领域排名全国第 1 位,在平衡发展领域排名全国第 5 位,在经济发展领域也位居全国第 55 位,表现十分抢眼;但同时,其在社会管理、公共服务领域表现黯淡,显然阻碍了其在综合绩效排名中的更好表现。

表 7-11 中部地区第二级城市政府绩效排名状况

省份	城市	经济发展绩效排名	市场监管绩效排名	社会管理绩效排名	公共服务绩效排名	平衡发展排名	政府内部管理排名	政府绩效总排名
皖	芜湖市	25	36	185	35	200	19	17
湘	株洲市	42	15	56	155	126	48	21
赣	新余市	55	1	265	290	5	87	33
豫	焦作市	113	58	208	103	25	137	75
晋	大同市	137	129	48	41	315	36	96
鄂	荆门市	157	78	16	188	63	166	98

当前,在我国统筹推进"五位一体"总体布局的时代背景下,中部地区各省第二级城市下一步的持续发展需要对症下药。党的十八大报告指出,必须更加

自觉地把全面协调可持续作为深入贯彻落实科学发展观的基本要求，全面落实经济建设、政治建设、文化建设、社会建设、生态文明建设五位一体总体布局，促进现代化建设各方面相协调，促进生产关系与生产力、上层建筑与经济基础相协调，不断开拓生产发展、生活富裕、生态良好的文明发展道路。① 因此，中部地区各省第二级城市的未来发展需要全盘考虑，对症下药。其中，就芜湖市、株洲市、荆门市而言，下一步应以加强提升其各自的弱势领域绩效为主要着力点；焦作市和大同市的未来发展，仍需要争取在一两个领域取得突破，带动全局发展；新余市则应在维持特色的基础上努力补足缺陷，以追求各领域的齐头并进作为今后发展中的主要方向。

第三节　实践案例二：创新引领东部地区率先发展的评估与思考

作为我国改革开放和创新发展的前沿，东部地区在国家发展全局中具有重要战略地位。2011年，为科学反映我国不同区域的社会经济发展状况，为党中央、国务院制定区域发展政策提供依据，我国将经济区域划分为东部、中部、西部和东北部四大地区。其中，作为经济社会发展的先行区域，东部地区包括北京、天津、河北、上海、江苏、浙江、福建、山东、广东、海南。长期以来，相对于全国其他地区，东部地区在大部分领域保持着一定的领先优势，呈现出良好的绩效状况。在这种领先态势下，作为东部地区经济社会各领域发展的主要组织者，地市级政府的角色举足轻重。为深入对东部地区地市级政府管理绩效的认知，本书基于2014年数据进行了评估分析。需要说明的是，为排除城市行政级别对评估的影响，本书对直辖市副省级市另有专项评估，因此，在本章报告中，我们将剔除东部地区中北京、天津、上海3个直辖市政府和济南、青岛、杭州、宁波、厦门、广州、深圳7个副省级市政府，针对剩余的7省76个地市级政府展开同一层次的评估。另外，本报告中涉及的年度对比数据皆来源于前文所提到的地方政

---

① 坚定不移沿着中国特色社会主义道路前进　为全面建成小康社会而奋斗——在中国共产党第十八次全国代表大会上的报告［N］. 人民日报，2012-11-18（001）.

府绩效信息数据库。

一、创新活力持续释放的东部地区

自党的十九大以来，以习近平同志为核心的党中央对东部地区发展方式和方向作出了科学论断。党的十九大报告指出，要通过"创新引领率先实现东部地区优化发展"。① 党的十九届四中全会指出，要构建区域协调发展新机制，形成主体功能明显、优势互补、高质量发展的区域经济布局。②《中共中央关于制定国民经济和社会发展第十四个五年规划和二〇三五年远景目标的建议》中指出，要加快发展现代产业体系，推动经济体系优化升级。③ 改革开放以来，我国东部地区的区域经济社会发展登上了新起点，正在创新理念引领下昂首阔步走向"率先探索减少相对贫困、实现共同富裕有效途径"的新阶段。

（一）东部地区创新活力从何而来

改革开放40多年以来，东部地区率先发展取得了巨大的成果。东部地区的面积不到全国10%，承载的人口却占全国的40%。这种现象的背后，不单单缘于东部地区长期以来在经济上的优势基础，更与近年来东部地区在经济社会发展中所坚持的创新导向息息相关。

当前，东部地区的创新水平在全国处于遥遥领先的位置。在中国科技发展战略研究院2018年发布的《中国区域科技创新评价报告》中可以看到，综合科技创新环境、科技活动投入、科技活动产出、高新技术产业化和科技促进经济社会发展5个子领域来看，我国东部地区的科技创新水平稳居全国第一，其在创新层面的优势地位和引领作用十分显著。在东部地区各省市中，上海、北京的科技创新水平又领先于其他省市，紧随其后的依次是天津、广东、江苏、浙江。报告显示，就科技创新中的高技术产业增加值、高技术产业主营业务收入和高技术产业

---

① 决胜全面建成小康社会 夺取新时代中国特色社会主义伟大胜利——在中国共产党第十九次全国代表大会上的报告[N].人民日报，2017-10-28（001）．
② 中共中央关于坚持和完善中国特色社会主义制度 推进国家治理体系和治理能力现代化若干重大问题的决定[N].人民日报，2019-11-06（001）．
③ 中共中央关于制定国民经济和社会发展第十四个五年规划和二〇三五年远景目标的建议[N].人民日报，2020-11-04（001）．

利润总额三个指标来看，江苏、广东、天津、浙江和山东5个省份在全国范围内的占比近六成。其中，江苏和广东作为我国重要的技术创新中心和高技术产业集聚区域，在科技创新环境、科技活动投入和产出、高新技术产业化和科技促进经济社会发展等方面处于全国领先位置。① 当前，江苏正以打造具有国际竞争力的世界先进制造业集群为目标，重点培育新型电力装备、工程机械等行业发展；上海则聚焦自贸区建设，着力打造具有"国际市场影响力和竞争力"的"特殊经济功能区"；海南则在逐步探索建设自由贸易港。

东部地区创新活力从何而来？党和国家的政策支持是关键因素。改革开放初期，党中央决定将深圳、珠海、汕头、厦门和海南建设成为经济特区，同时也将上海、湛江、广州、福州等确定为沿海开放城市，从而在长三角、珠三角等东部沿海地区率先迈出了开放的脚步。正是依靠党中央的政策支持，东部地区才获得了"率先发展"的战略机遇，从而进入了几十年高速发展的轨道。

在特定的政策支持下，沿着"摸着石头过河"的中国特色的发展模式，东部地区形成了优良的创新创业环境，为创新发展提供了"温床"和"孵化器"。通过清华大学2013年发布的《中国城市创新创业环境评价研究报告》可以发现，东部地区城市创新创业环境长期保持领先优势。在中国城市创新创业环境排行前10的城市中，东部有7个；在前50的城市中，东部有29个；在前100的城市中，东部有55个。其中，广东的深圳、广州两市占据创新创业环境全国前二；江苏和山东各有13个地级以上城市进入全国百强；浙江的杭州、宁波排名分列全国第3和第7，另有5个城市排名进入前50。另外，东部地区的深圳和苏州是全国仅有的两个高新技术产业产值规模过万亿的城市。②

应当看到，东部地区通过在经济社会各领域的转型升级，正稳步推进创新发展。通过日益深入的摸索，东部地区不但实现了区域经济社会的高速发展，更重要的是走出了一条朝气蓬勃的创新发展道路，为我国坚持和完善中国特色社会主义制度、推进国家治理体系和治理能力现代化提供了先行先试的宝贵经验，这正是党的十九大报告对于东部地区"率先发展"定位的意旨所在。

---

① 中国区域科技创新评价报告2018发布：区域创新各具特色 [N]. 经济日报，2018-10-29.
② 董碧娟. 东部继续领先 西部快速追赶 [N]. 经济日报，2013-12-13（001）.

(二) 东部地区创新发展往何处去

近年来，在国际政治经济不确定性因素明显增多、国内经济下行压力较大的背景下，东部地区以京津冀、长三角、珠三角为代表的发达省市作为我国高新技术产业发展的核心力量和我国参与国际竞争的中流砥柱，正面临用人成本提升、企业传统竞争优势部分流失的困境，区域创新发展遇到了一定的阻碍。

针对创新发展中的问题，习近平同志进行了战略性的考虑，并在多个场合数次作出了科学论断。2013年9月30日，他在北京中关村以实施创新驱动发展战略为题举行的第九次集体学习中指出，要着力从"推动科技创新与经济社会发展紧密结合""增强自主创新能力""完善人才发展机制""营造良好政策环境""扩大科技开放合作"五个方面入手，进一步解放思想，加快科技体制改革步伐，破除一切束缚创新驱动发展的观念和体制机制障碍。① 他也强调，"实施创新驱动发展战略，就是要推动以科技创新为核心的全面创新，坚持需求导向和产业化方向，坚持企业在创新中的主体地位，发挥市场在资源配置中的决定性作用和社会主义制度优势，增强科技进步对经济增长的贡献度，形成新的增长动力源泉，推动经济持续健康发展"。② 2018年7月，习近平同志在主持召开中央财经委员会第二次会议时指出，关键核心技术是国之重器，对推动我国经济高质量发展、保障国家安全都具有十分重要的意义，必须切实提高我国关键核心技术创新能力，把科技发展主动权牢牢掌握在自己手里，为我国发展提供有力科技保障。③ 他还针对近期存在的新情况新问题指出，为了更好地推动第二个百年目标的顺利完成，要在不断研究国内外发展环境变化的基础上，选择性调整现有政策。"要把区块链作为核心技术自主创新的重要突破口，明确主攻方向，加大投入力度，着力攻克一批关键核心技术。"④

在党中央的正确引导下，东部地区作为我国经济发展中关键的增长极，正以

---

① 敏锐把握世界科技创新发展趋势 切实把创新驱动发展战略实施好[N].人民日报，2013-10-02(001).
② 加快实施创新驱动发展战略 加快推动经济发展方式转变[N].人民日报，2014-08-19(001).
③ 提高关键核心技术创新能力 为我国发展提供有力科技保障[N].人民日报，2018-07-14(001).
④ 把区块链作为核心技术自主创新重要突破口 加快推动区块链技术和产业创新发展[N].人民日报，2019-10-26(001).

新旧动能转换为着力点进一步加快创新发展的步伐，改革的成效也是显而易见的。其中，一是进一步强化科技创新能力建设，不断推动产学研的协同创新，有力支撑传统产业的转型升级。最近几年，东部地区各省市在财政上明显加大了对于 AI、大数据等高新技术产业领域的投入力度。二是进一步推动政府职能转变，简化审批环节，创造使要素自由流动的良好环境。当前，各省市正不约而同地发力构建适宜创新发展的制度环境，以此加强本区域省市在国内国际竞争中的实力，其中浙江的"最多跑一次"改革是知名度较高的成功范例，上海自贸区所推行的一百多项制度创新成果也取得了良好的成效。[①] 三是深入推动区域一体化，加强区域内上下游产业的协同发展。京津冀、长三角、珠三角三个城市群作为东部地区区域一体化发展的典型代表，正通过全方位的体制机制创新实现跨越式的协同发展，向新的高度迈进。

二、地市级政府综合绩效的特点

政府综合绩效是评价各级政府的基本标准。就 2014 年东部地区所辖地市级政府综合绩效而言，一是区域政府综合绩效整体水平稳居全国第一，二是区域内政府综合绩效均衡发展状况表现优异，三是地市级政府综合绩效排名表现亮眼。

（一）区域政府综合绩效整体水平稳居全国第一

数据显示，东部地区所辖地市级政府综合绩效整体水平继续稳居全国第一。图 7-20 显示，2014 年东部地区所辖地市级政府综合绩效平均得分为 5.66 分，大幅度领先于东北地区的 5.15 分、中部地区的 5.02 分以及西部地区的 4.96 分，但领先分值有所降低。以上数据说明，东部地区地市级政府在 2014 年的综合绩效虽长期领跑于全国四大区域，但领先优势正在不断缩减。

（二）区域内政府综合绩效均衡发展状况表现优异

研究发现，东部地区所辖各地市级政府之间综合绩效的均衡发展状况表现优

[①] 顾阳. 我国东部地区创新活力持续释放 [N]. 经济日报，2019-06-23（003）.

第七章 "公开信息"评估:一种第三方政府绩效评估技术

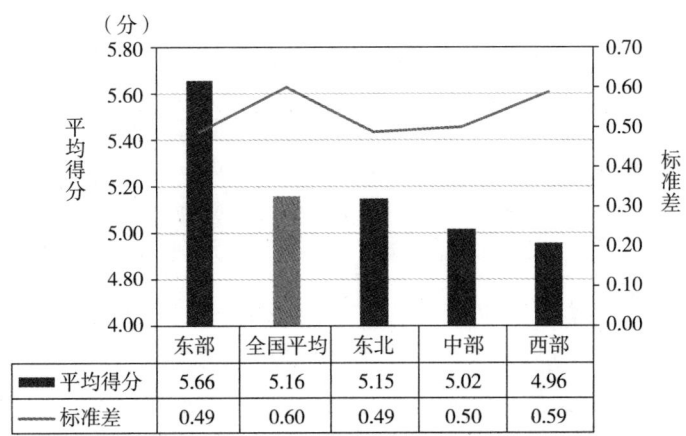

图7-20 2014年全国各地区所辖地市级政府综合绩效平均得分与标准差

异。从图7-21中可以看到,与2012年相比,2014年东部地区地市级政府综合绩效中一等绩效数量由31个增至32个,三等绩效由13个降至10个。虽然稍显遗憾的是,四等绩效由1个增至2个,但这不足以掩盖2014年东部地区在均衡发展方面的优异表现。

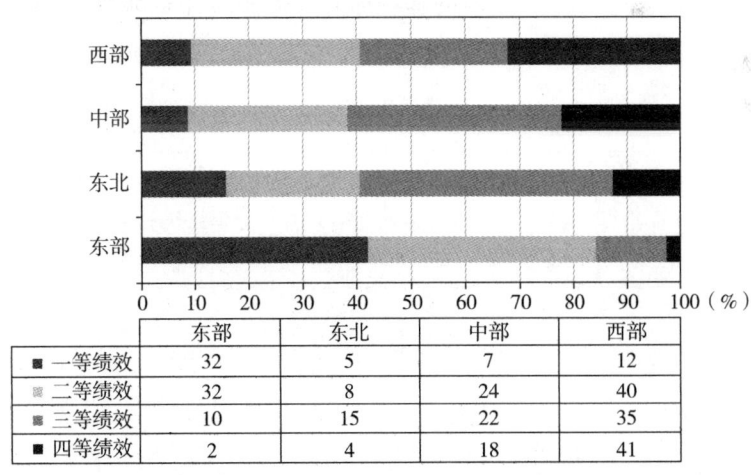

图7-21 2014年全国各地区所辖地市级政府综合绩效等级数量与比例分布情况

(三)地市级政府综合绩效排名表现亮眼

2014年东部地区地市级政府综合绩效排名表现十分出色。表7-12中数据显示，2014年东部地区包揽了全国前12位中的10个名额，仅仅留给其他地区2个位置（西部的新疆乌鲁木齐与中部的安徽芜湖）。可以看到，浙江、山东、江苏三省所辖地级市在2014年综合绩效排名中继续着抢眼表现。其中，作为东部地区地市级政府综合绩效前3名，浙江嘉兴、山东威海、浙江湖州三市包揽了全国前3。江苏苏州、山东东营、江苏无锡、江苏镇江、浙江舟山、江苏常州、山东滨州依次位列全国第4、第5、第7、第9、第10、第11、第12。就排名前列的数量和质量而言，东部地区无疑对中部、东北、西部三个地区形成了巨大的领先优势。

表7-12 2014年东部地区所辖地市级政府综合绩效前10名和后10名

政府综合绩效前10名				政府综合绩效后10名			
中部名次	地市级政府	所属省份	全国名次	中部名次	地市级政府	所属省份	全国名次
1	嘉兴市	浙	1	67	丽水市	浙	184
2	威海市	鲁	2	68	承德市	冀	185
3	湖州市	浙	3	69	云浮市	粤	190
4	苏州市	苏	4	70	沧州市	冀	202
5	东营市	鲁	5	71	梅州市	粤	206
6	无锡市	苏	7	72	张家口市	冀	211
7	镇江市	苏	9	73	衡水市	冀	216
8	舟山市	浙	10	74	河源市	粤	224
9	常州市	苏	11	75	邢台市	冀	272
10	滨州市	鲁	12	76	三亚市	琼	279

另外，就东部地区地市级综合绩效后10名来看，河北、广东两省表现欠佳。其中，河北承德、广东云浮皆排在全国前150之后，河北沧州、广东梅州、河北张家口、河北衡水、广东河源、河北邢台更是排在全国前200开外。可以看到，虽然东部地区没有出现全国倒数的地级市，但河北、广东在区域内的排名状况的确比较尴尬，客观而言，这不得不"怪罪"于浙江、山东、江苏过于出色的表现。其中就广东省而言，作为我国改革开放先行先试的"排头兵"，广东的广州、深圳、东莞等市的确在经济发展等方面走在了全国前列，但就评估结果而

言，此种良好的发展态势并非囊括全省地级市，这从云浮、梅州、河源等市"不给力"的表现中可见一斑。另外值得注意的是，与日常新闻舆论中的低调形象相一致，福建省既无前10也无后10，虽未能占据"鳌头"但也不"拖后腿"，成为东部地区的"佛系"代表。

三、各省地市级政府绩效的特点

各省所辖地市级政府综合绩效和分职能领域绩效的状况各具特点。本章以省级行政区域为切入点，梳理归纳了东部地区七省各自的地市级政府的综合绩效特点，以及分职能领域绩效的优点与弱项，旨在进一步清晰地展示中部地区地市级政府绩效的实际状况，为最后的研究性发现提供数据支持。

（一）各省总体情况

2014年，东部地区各省综合绩效和分职能领域绩效情况如图7-22所示。其中，江苏、山东、浙江分列2014年东部地区地市级政府综合绩效的前三名，分别得到6.04分、5.96分、5.96分，高于东部地区平均得分5.66分；福建、广东则分别以5.54分、5.49分位列东部地区中游，低于东部平均5.66分但高于全国平均5.16分；河北、海南则以5.12分、4.88分居于东部地区倒数后两位，低于全国平均5.16分。

与前文得到的结论类似，就2014年东部地区各省所辖地市级政府综合绩效平均水平而言，东部地区江苏、山东、浙江三省的平均得分超过全国平均水平，福建、广东两省高于全国平均水平但低于东部地区平均水平，山西、河南则尚未达到全国平均水平。可以看到，中部地区各省所辖地市级政府综合绩效排名波动很小，仅福建超越广东成为东部第4名。

联系图7-23各省所辖各级绩效的地市级政府数量可以进一步发现东部地区的分化情况。江苏、山东两个省分别有10个、9个一等绩效地市级政府，没有三等、四等绩效。浙江、广东、福建三个省没有四等绩效。河北、海南则既没有一等绩效，也没有四等绩效地市级政府。

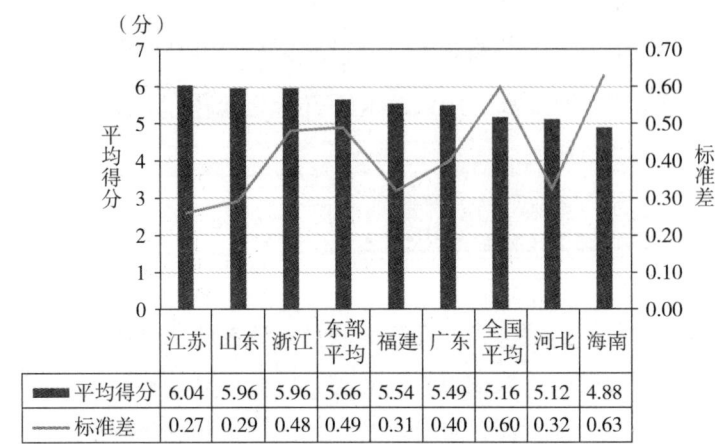

图7-22 2014年东部地区各省所辖地市级政府综合绩效平均得分与标准差

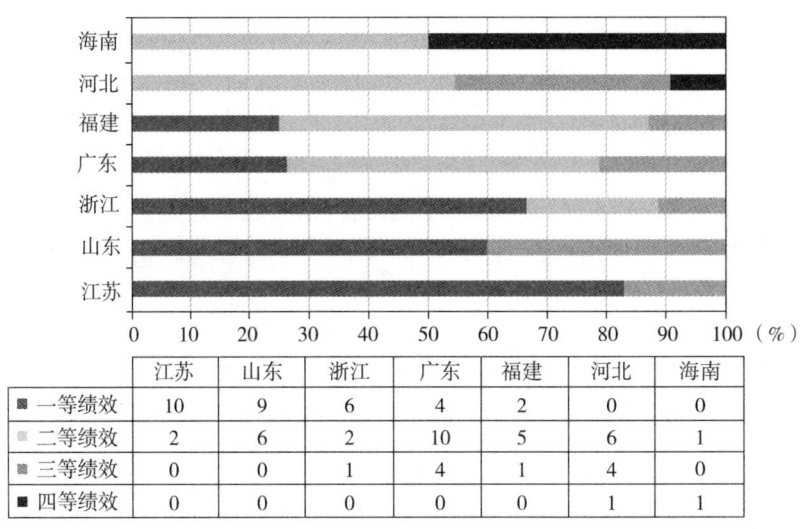

图7-23 东部地区各省所辖地市级政府综合绩效等级数量与比例分布情况

从各省在分职能领域绩效方面的排名情况中可以看到各省在各职能领域绩效发展方面的均衡程度。如表7-13所示，江苏、山东、浙江依旧瓜分了各职能领域第1的位置，海南、河北、广东、浙江则都有不同领域表现位列东部地区倒数第1。其中，江苏在3个职能领域（经济发展、平衡发展、内部管理）排东部第1，2个领域排第5；山东在市场监管领域排东部第1，最差的平衡发展领域也排在第5；浙江在社会管理、公共服务领域排东部第1，但市场监管也位列倒数第1；福建在各领域的排名中都基本处于中游位置；广东的公共服务排倒数第1；河北的平衡发展排倒数第1；海南的经济发展、社会管理、内部管理都位列倒数第1。以上情况进一步验证了东部地区各省地市级政府绩效的两极分化状况。

表7-13　东部地区各省所辖地市级政府分职能领域绩效排名

排名	经济发展	市场监管	社会管理	公共服务	平衡发展	内部管理
1	江苏	山东	浙江	浙江	江苏	江苏
2	浙江	河北	山东	福建	浙江	山东
3	山东	江苏	广东	山东	广东	广东
4	福建	海南	福建	河北	福建	福建
5	广东	福建	江苏	江苏	山东	浙江
6	河北	广东	河北	海南	海南	河北
7	海南	浙江	海南	广东	河北	海南

（二）江苏、山东、浙江：优势稳固，各有千秋

作为2014年东部地区同时也是全国范围内地市级政府综合绩效平均水平最高的三个省份，江苏、山东、浙江稳固了2010年评估的前三地位，三省的优势显而易见。表7-12的结论在图7-24（雷达图最外面的六边形顶点为东部地区第1名，中心为东部地区第7名即倒数第1名，排名按格由外向内依次后列，下同）中得到了更加清楚的表现：经济发展领域，江苏、浙江、山东分列前三；市场监管领域，山东、江苏优异，浙江表现很差；社会管理领域，浙江、山东优异，江苏不佳；公共服务领域，浙江优异，山东一般，江苏不佳；平衡发展领域，江苏、浙江优异，山东不佳；内部管理领域，江苏、山东优异，浙江不佳。可以看到，三省都各自有自己的强项，也都有弱项，但弱项数量很少，最明显的就是浙江的市场监管。众所周知，浙江省的民营经济发展水平居于国内前列，但其市场监管绩效水平却表现不佳，这种强烈的反差值得我们深思。

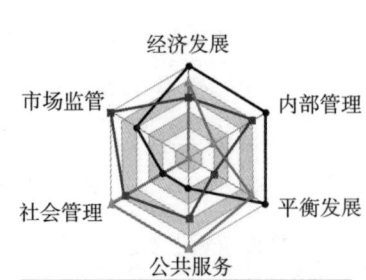

图 7-24 江苏、山东、浙江三省分职能领域绩效东部排名情况

(三) 福建、广东：第二集团内部的细微变化

作为介于东部平均水平和全国平均水平之间的两省，福建和广东的名次变化耐人寻味。在 2014 年评估中，两者位次互换，福建对广东实现了反超。如图 7-25 所示两省各领域表现来看，福建一如既往地保持各领域绩效之间较高的均衡度，与其他省份相比没有绩效特别突出的职能，也没有绩效水平特别差的职能，除了市场监管略差、公共服务略好以外，其他领域绩效全部位列东部居中的第 4 位，保持着一种"中等水平下的均衡发展"；相对而言，广东省内各职能未能实现均衡发展，其虽然在往年排名靠后的经济发展和社会管理领域有了一定的起色，但依然没有任何一个领域进入东部前二，而且公共服务继续位列东部倒数第 1（该省长期的薄弱环节），市场监管和内部管理排名也有一定程度的下滑。

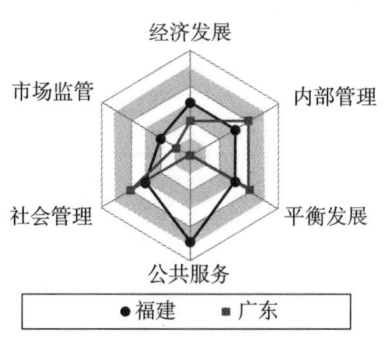

图 7-25 福建、广东两省分职能领域绩效东部排名情况

第七章 "公开信息"评估:一种第三方政府绩效评估技术

(四)河北、海南:问题繁多,亟待改进

在 2014 年评估中,河北和海南两省地市级政府综合绩效低于全国平均水平,再次成为东部地区的"后进生"。图 7-26 显示,河北和海南两省仅在市场监管领域有一定亮点,分别位列东部第 2 和第 4;在其他领域,两省的表现相比东部地区其他省都显得黯淡无光。一方面,这与其他五省在发展基础上的优势有一定关系;另一方面,两省与全国平均水平的差距仍然较大,这种情况的存在,是省内外各类因素作用的综合结果,亟待政府社会的高度关注。

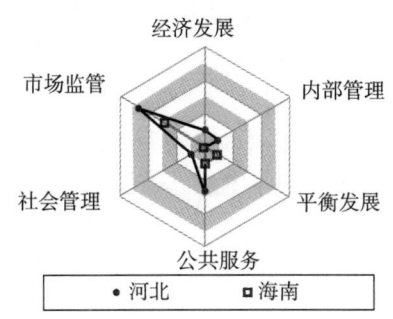

图 7-26 河北、海南两省分职能领域绩效东部排名情况

四、地市级政府分职能领域绩效的特点

作为评价各级政府的另一类重要标准,政府分职能领域绩效也是本项评估的关键内容之一。本书将政府职能划分为对外职能管理和内部管理两大部分。在对外职能管理中,又将其细化为经济发展职能、市场监管职能、社会管理职能、公共服务职能和平衡发展职能;内部管理职能则包括依法行政、行政效能、行政成本、行政廉洁和政务公开五项评估指标。

通过与全国各地区所辖地市级政府分职能领域绩效平均得分比较发现,东部地区分职能领域绩效有亮点也有遗憾。其中,经济发展、平衡发展与内部管理绩效均名列全国第 1,公共服务名列全国 2,市场监管名列第 3,社会管理位列全国倒数第 1,如表 7-14 所示。围绕六大职能领域,本节将对中部地区及其各省、

各地市级政府的政府绩效进行分项评估。

表7-14 全国四大区域所辖地市级政府分职能领域绩效排名

排名	经济发展	市场监管	社会管理	公共服务	平衡发展	内部管理
1	东部	东北	东北	东北	东部	东部
2	中部	中部	西部	东部	中部	西部
3	东北	东部	中部	中部	东北	中部
4	西部	西部	东部	西部	西部	东北

（一）经济发展绩效：各层面全面领先，江苏、浙江表现上佳

数据显示，东部地区所辖地市级政府经济发展绩效大幅度领先于全国其他地区。图7-27显示，东部地区所辖地市级政府经济发展绩效平均得分为6.57分，远远高于中部地区的5.11分、东北地区的4.86分和西部地区的4.25分，高出全国平均水平1.48分，稳居全国首位。

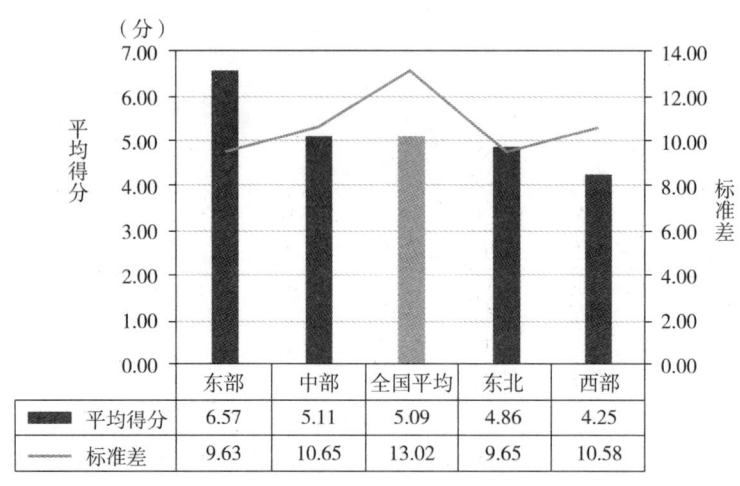

图7-27 全国各地区所辖地市级政府经济发展绩效平均得分与标准差

对比图7-28四大区域经济发展领域综合绩效等级发现，东部地区在经济发展绩效的表现比其综合绩效表现还要出色。一等、二等绩效数量达70个，占全部76个地市级政府数量的92.11%，四等绩效数量为0。

东部地区不但在经济发展综合绩效上表现出色,在经济增长、经济结构、经济效果三个经济发展细分领域中的表现也同样出色,如图7-29所示。

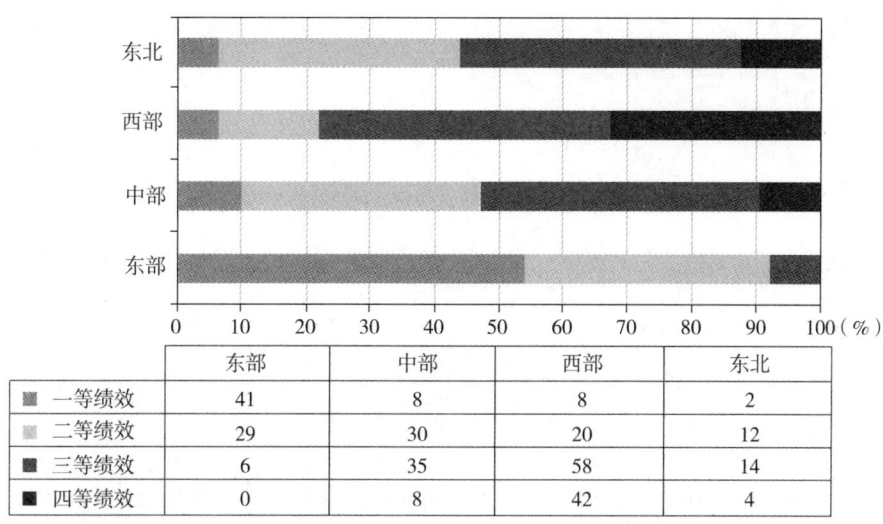

	东部	中部	西部	东北
一等绩效	41	8	8	2
二等绩效	29	30	20	12
三等绩效	6	35	58	14
四等绩效	0	8	42	4

图 7-28 全国各地区所辖地市级政府经济发展绩效等级数量与比例分布情况

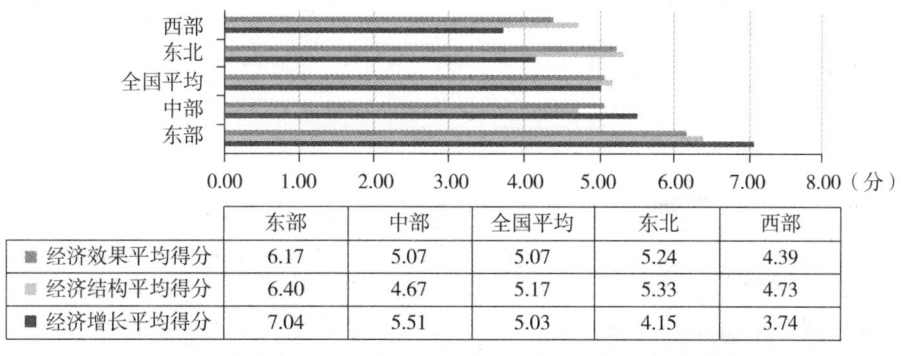

	东部	中部	全国平均	东北	西部
经济效果平均得分	6.17	5.07	5.07	5.24	4.39
经济结构平均得分	6.40	4.67	5.17	5.33	4.73
经济增长平均得分	7.04	5.51	5.03	4.15	3.74

图 7-29 全国各地区所辖地市级政府经济发展细分领域绩效状况

具体到表7-15地市级政府经济发展绩效的表现上,东部地区依然继续着高光表现。在全国经济发展前12名中,东部地区占了10个名额,分别是江苏的无锡、常州、镇江、扬州、南通、苏州,浙江的绍兴、嘉兴,以及广东的中山、东莞。其中,江苏表现尤为出色,包揽了全国经济发展前6名中的5个。

东部经济发展后10名地市级政府包括广东的8个和河北的2个。应当看到,广东作为我国改革开放的桥头堡,在经济建设领域取得了耀眼的成绩,但在本次经济发展评估中,广东虽然在前 10 中有中山和东莞,但在后 10 中的表现非常糟糕,这需要政界、学界从经济发展的各个层面进行综合分析。另外,观察山东省在前 10 和后 10 排名中的"隐身"表现可以发现,该省近期在新旧动能转换方面的动作不无原因。

表 7-15 东部地区地市级政府经济发展绩效前 10 名和后 10 名

经济发展绩效中部排名	地市级政府	经济发展绩效全国排名	经济发展绩效细分领域全国排名			经济发展绩效中部排名	地市级政府	经济发展绩效全国排名	经济发展绩效细分领域全国排名		
			经济增长	经济结构	经济效果				经济增长	经济结构	经济效果
1	无锡市	2	20	9	1	67	清远市	139	86	286	173
2	常州市	3	24	28	2	68	承德市	140	90	128	178
3	镇江市	4	51	5	3	69	揭阳市	146	168	136	192
4	扬州市	5	26	116	5	70	邢台市	150	221	193	193
5	南通市	6	59	30	6	71	衡水市	151	215	165	199
6	绍兴市	8	4	4	4	72	河源市	174	136	91	206
7	中山市	9	97	23	9	73	潮州市	185	313	233	214
8	东莞市	10	11	15	10	74	汕尾市	197	92	313	224
9	苏州市	11	32	19	11	75	梅州市	221	146	100	262
10	嘉兴市	12	6	10	12	76	云浮市	238	244	275	263

(二) 市场监管绩效:整体表现暗淡,部分省内两极分化

图 7-30 显示,在全国各地区所辖地市级政府市场监管绩效平均得分中,东部地区所辖地市级政府市场监管绩效平均得分为 5.17 分,位居全国中下游,低于东北地区的 5.84 分和中部地区的 5.34 分,仅高于西部地区的 4.78 分,居全国四大区域中的第三位。在六大职能领域中,市场监管是东部地区除了社会管理之外表现较差的领域。

从表 7-16 东部地区所辖地市级政府市场监管绩效前 10 名和后 10 名中可以看到,东部地区各省在市场监管绩效方面形成了一定的均衡,没有表现特别出色的,也没有特别差的。广东在前 10 名中占据 4 个位置,为东莞、湛江、梅州、

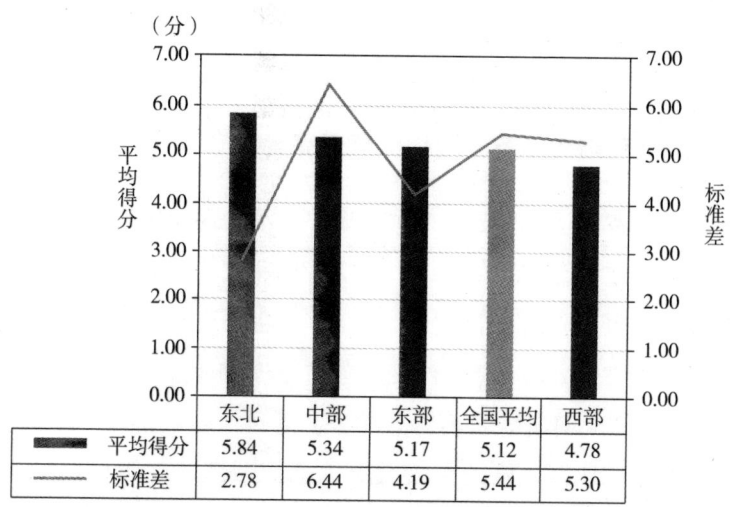

图 7-30 全国各地区所辖地市级政府市场监管绩效平均得分与标准差

肇庆，在后 10 名中也有惠州、河源、清远 3 个。江苏在前 10 名中有镇江、徐州，在后 10 名中有南通、常州、扬州、无锡。山东前 10 名中有东营、泰安，后 10 名中有莱芜、淄博。浙江前 10 名中有衢州，后 10 名中有温州。

表 7-16 东部地区所辖地市级政府市场监管绩效前 10 名和后 10 名

市场监管绩效前 10 名				市场监管绩效后 10 名			
中部名次	地市级政府	所属省份	全国名次	中部名次	地市级政府	所属省份	全国名次
1	东莞市	粤	1	67	惠州市	粤	218
2	镇江市	苏	9	68	河源市	粤	219
3	徐州市	苏	15	69	温州市	浙	221
4	湛江市	粤	17	70	南通市	苏	223
5	东营市	鲁	19	71	常州市	苏	229
6	梅州市	粤	22	72	莱芜市	鲁	237
7	泰安市	鲁	24	73	淄博市	鲁	238
8	肇庆市	粤	30	74	扬州市	苏	263
9	海口市	琼	31	75	无锡市	苏	278
10	衢州市	浙	33	76	清远市	粤	317

应当看到，广东、江苏等省所辖地市级政府在市场监管领域的绩效表现呈现

出明显的两极分化态势。相比之下，福建和河北两省则表现得不温不火，没有特别出彩的地市级政府，也没有表现很差的地市级政府。

（三）社会管理绩效：最大短板，缺乏亮点

本项评估综合考虑了学界现有理论成果和我国的现实情况，认为所谓社会管理职能，是通过制定社会政策和法规，依法管理和规范社会组织、社会事务，化解社会矛盾，调节收入分配，维护社会公正、社会秩序和社会稳定。进而，社会管理职能可划分为三个方面：社会组织与人口管理、社会安全管理以及社会保障和就业，在此基础上可计算各指标得分和综合得分。

数据显示，东部地区所辖地市级政府社会管理绩效整体水平位居全国中下游。从图7-31中可以发现，东部地区所辖地市级政府社会管理绩效平均得分为4.71分，落后于东北地区的5.97分和西部地区的5.30分，也与全国平均水平有0.35分的差距，仅高于中部地区的4.66分，位居全国第3。

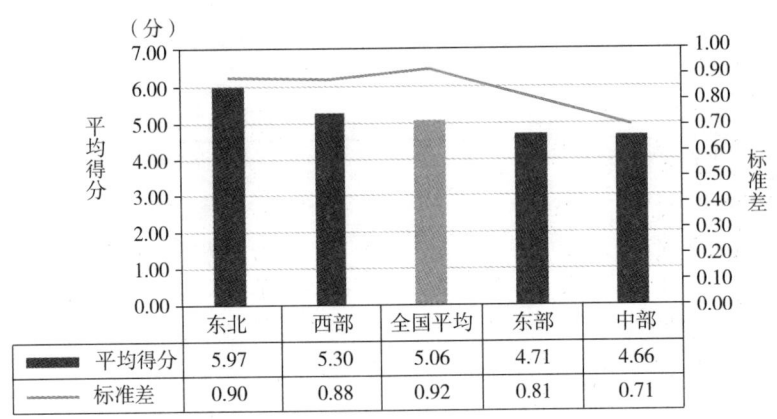

图7-31 全国各地区所辖地市级政府社会管理绩效平均得分与标准差

对比图7-32与2012年数据可以看到，2014年东部地区中一等社会管理绩效政府数量为6个，占比为7.89%，远远落后于东北地区的46.88%和西部地区的20.31%，仅略高于中部地区的3.70%。整体来看，东部地区地市级政府的社会管理绩效表现不容乐观。

在地市级政府绩效排名上，2014年东部地区表现也很不理想。表7-17显

第七章 "公开信息"评估:一种第三方政府绩效评估技术

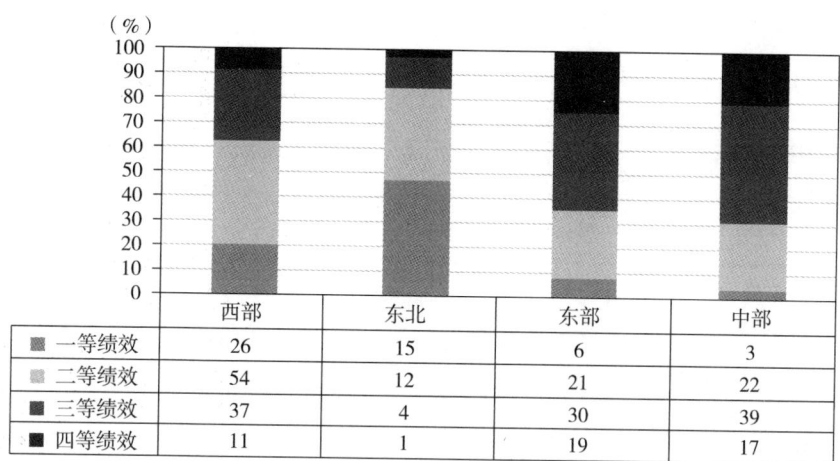

图 7-32 2014 年全国各地区所辖地市级政府社会管理绩效等级数量与比例分布情况

示,东部地区地市级政府社会管理绩效方面排名最高的山东省滨州市仅仅位列全国第 21 名。相比而言,山东和浙江的表现较之其他省份要好一些,都有 4 个地市级政府进入地区前 10 名。就地区后 10 名来看,河北和江苏的表现较差,分别有 5 个和 3 个地市级政府掉入地区后 10 名。另外值得一提的是,东部地区 2014 年有 7 个地市级政府位列全国前 300 名开外。结合东部地区在社会管理上的投入来看,以上数据有些出乎意料。

表 7-17 2014 年东部地区所辖地市级政府社会管理绩效前 10 名和后 10 名

社会管理绩效前 10 名				社会管理绩效后 10 名			
中部名次	地市级政府	所属省份	全国名次	中部名次	地市级政府	所属省份	全国名次
1	滨州市	鲁	21	72	邯郸市	冀	295
2	绍兴市	浙	34	73	连云港市	苏	296
3	菏泽市	鲁	35	74	无锡市	苏	298
4	湖州市	浙	38	75	衡水市	冀	303
5	承德市	冀	44	76	邢台市	冀	309
6	威海市	鲁	47	77	莆田市	闽	310
7	嘉兴市	浙	54	78	廊坊市	冀	311
8	阳江市	粤	69	79	扬州市	苏	312
9	丽水市	浙	75	80	东莞市	粤	313
10	淄博市	鲁	76	81	沧州市	冀	316

(四) 公共服务绩效：中规中矩，浙江、广东差距显著

所谓公共服务职能，就是指政府提供公共产品和服务的职责和能力。一般来说，公共服务在广义上应包括加强城乡公共设施建设，发展社会就业、社会保障服务、发布公共信息等，维护宏观经济稳定、市场秩序和社会秩序，为社会公众生活和参与社会经济活动提供保障和创造条件等。下文根据目前我国地方政府提供公共服务的实际内容，将这一职能的范围划分为四个方面：基础设施、科技教育、医疗卫生以及文化体育，进而计算各指标得分及综合得分。

分析发现，东部地区所辖地市级政府公共服务绩效整体水平位居全国中上游。从图7-33可以看到，东部地区所辖地市级政府公共服务绩效平均得分为5.68分，低于东北地区的5.95分，高于中部地区的4.85分和西部地区的4.68分，居全国第2。应当看到，东部地区地市级政府的公共服务绩效与东北地区尚存在一定差距，但与中部、西部地区已经拉开了一定的距离。

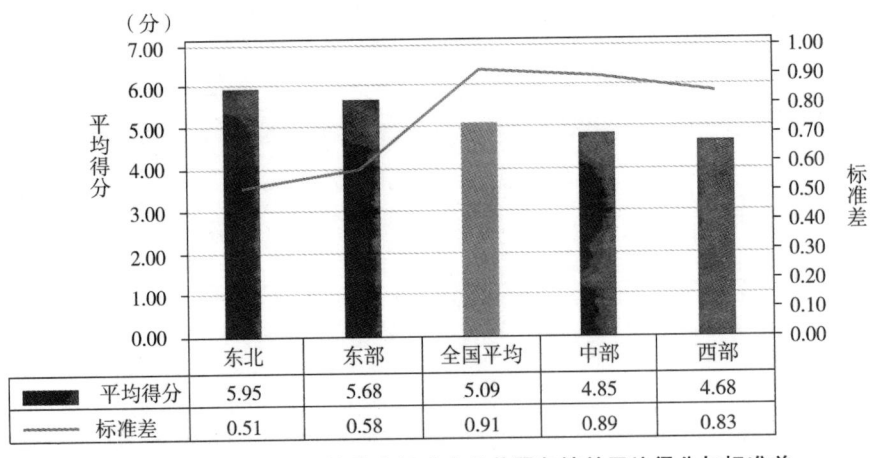

图7-33 全国各地区所辖地市级政府公共服务绩效平均得分与标准差

在表7-18中东部地区所辖地市级政府公共服务绩效前10名中，浙江占了5席，山东占了2席。浙江省在公共服务上的亮眼表现实际上已持续多年。可以看到，尽管浙江"最多跑一次"改革是从2016年才开始实施，但浙江各地市级政府在公共服务上的深厚基础为改革的成功提供了重要助力。

第七章 "公开信息"评估：一种第三方政府绩效评估技术

表 7-18 东部地区所辖地市级政府公共服务绩效前 10 名和后 10 名

公共服务绩效前 10 名				公共服务绩效后 10 名			
中部名次	地市级政府	所属省份	全国名次	中部名次	地市级政府	所属省份	全国名次
1	嘉兴市	浙	3	72	湛江市	粤	180
2	三明市	闽	7	73	汕尾市	粤	183
3	滨州市	鲁	10	74	佛山市	粤	186
4	舟山市	浙	11	75	潮州市	粤	195
5	珠海市	粤	16	76	茂名市	粤	197
6	温州市	浙	17	77	清远市	粤	207
7	湖州市	浙	19	78	汕头市	粤	211
8	威海市	鲁	20	79	连云港市	苏	213
9	秦皇岛市	冀	21	80	三亚市	琼	232
10	金华市	浙	23	81	揭阳市	粤	237

（五）平衡发展绩效：整体表现出色，各市成绩均衡

所谓平衡发展职能，是指通过转变发展思路，调整政策方式和工具，以此促进经济社会协调发展。本项评估以环境保护、城乡平衡发展以及区域平衡发展三项指标作为平衡发展的代理指标和变量，进而计算各指标得分并综合排序。

分析发现，东部地区所辖地市级政府平衡发展绩效整体水平位居全国第 1。图 7-34 显示，东部地区所辖地市级政府社会管理绩效平均得分为 5.87 分，高于中部地区的 5.34 分、东北地区的 5.23 分和西部地区的 4.68 分。另外，东部地区的标准差也是四大区域中最低的，这说明东部各地市级政府在平衡发展中具有较强的均衡度。

在全国各地区所辖地市级政府平衡发展绩效等级数量与比例分布中，东部地区有一等绩效的地市级政府 23 个，占比 30.26%，显著高于其他三个地区（东北地区 18.75%，中部地区 17.28%，西部地区 7.03%），四等绩效仅 1 个，如图 7-35 所示。

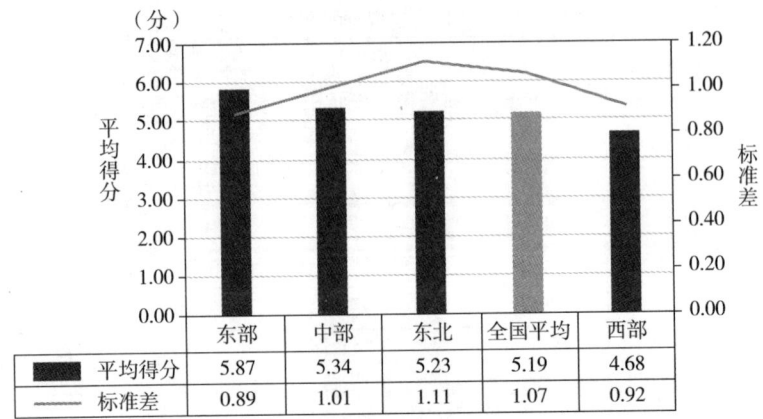

图 7-34 全国各地区所辖地市级政府平衡发展绩效平均得分与标准差

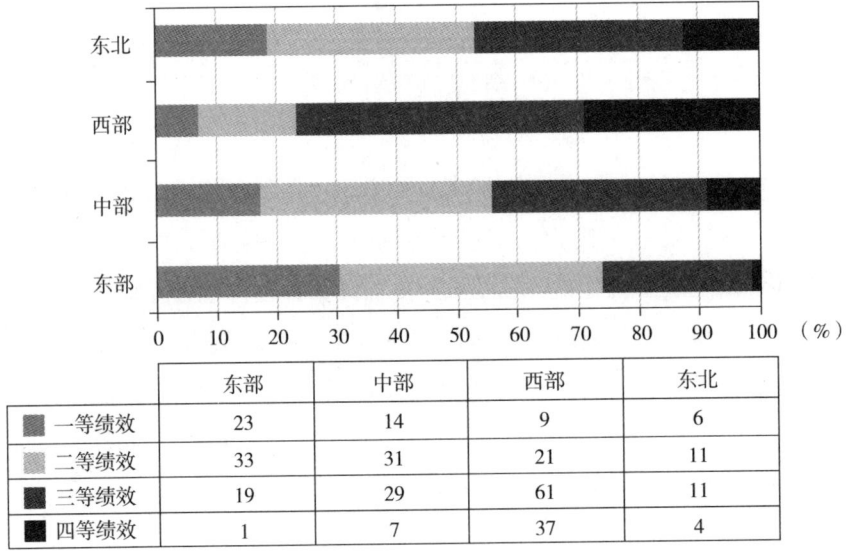

图 7-35 全国各地区所辖地市级政府平衡发展绩效等级数量与比例分布情况

由表 7-19 可以看到，东部地区所辖地市级政府平衡发展绩效前 10 名中有 5 个进入了全国前 10，表现出色，前 10 名中浙江占了 3 席，江苏占了 4 席。然而在后 10 名中，河北一个省就占了 6 席，且其中有 5 个地市级政府位列全国前 200 名开外，该省继续着 2010 年在平衡发展领域的糟糕表现。

表 7-19 东部地区所辖地市级政府平衡发展绩效前 10 名和后 10 名

平衡发展绩效前 10 名				平衡发展绩效后 10 名			
中部名次	地市级政府	所属省份	全国名次	中部名次	地市级政府	所属省份	全国名次
1	湖州市	浙	4	72	湛江市	粤	186
2	茂名市	粤	5	73	唐山市	冀	188
3	宿迁市	苏	6	74	邯郸市	冀	211
4	衢州市	浙	7	75	济宁市	鲁	212
5	镇江市	苏	9	76	烟台市	鲁	214
6	常州市	苏	12	77	沧州市	冀	240
7	佛山市	粤	14	78	龙岩市	闽	241
8	舟山市	浙	15	79	保定市	冀	250
9	盐城市	苏	16	80	邢台市	冀	256
10	莆田市	闽	17	81	张家口市	冀	271

（六）内部管理绩效：各市成绩均衡，河北表现不佳

加强政府自身建设，积极推进政府绩效评估，全面提升政府管理的科学化、制度化和规范化水平，具有相当大的迫切性和现实必要性。本项评估从依法行政、政府效能、行政廉洁、行政成本和政务公开 5 个领域近 20 项客观、可量化、以结果评估为导向的具体指标角度，对中部地区地市级政府内部管理绩效进行了全面的测量、评估和分析。

数据显示，东部地区所辖地市级政府内部管理绩效整体水平位居全国第 1。从图 7-36 可以看到，东部地区所辖地市级政府内部管理绩效平均得分为 5.54 分，高于西部地区的 5.10 分、中部地区的 4.90 分和东北地区的 4.33 分。另外，类似于平衡发展领域，东部地区在内部管理领域的标准差是全国四大区域中最低的，这说明东部地区各地市级政府在本领域的绩效表现是比较均衡的。

表 7-20 显示了东部地区所辖地市级政府内部管理绩效前 10 名和后 10 名的情况。就前 10 名来看，江苏表现比较出色，苏州、宿迁、无锡成为东部仅有的 3 个进入全国前 10 的地市级政府；就后 10 名来看，河北再次上榜，有 6 个市位列倒数，且全部位于全国前 200 名开外。结合河北在社会管理、平衡发展领域的表

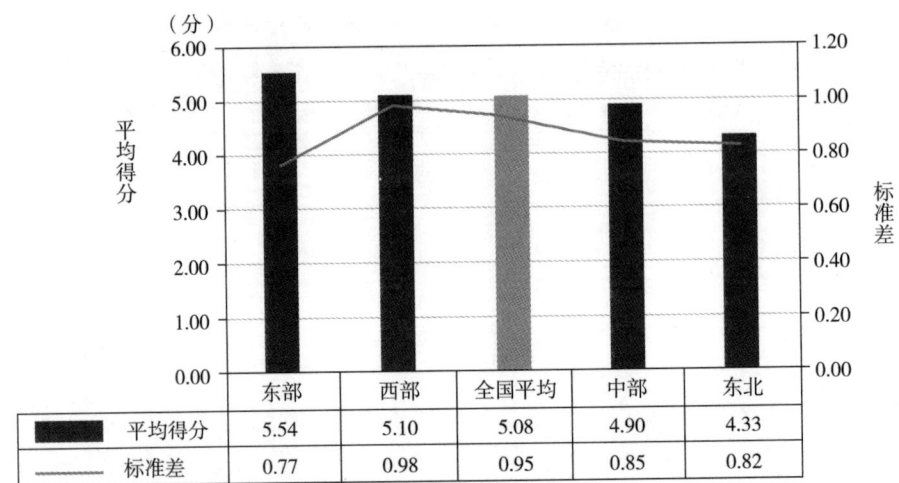

图 7-36　全国各地区所辖地市级政府内部管理绩效平均得分与标准差

现可以看到，该省无论是政府对外职能管理绩效，还是内部管理绩效，都有待进行深入的改进和完善。

表 7-20　东部地区所辖地市级政府内部管理绩效前 10 名和后 10 名

内部管理绩效前 10 名				内部管理绩效后 10 名			
中部名次	地市级政府	所属省份	全国名次	中部名次	地市级政府	所属省份	全国名次
1	苏州市	苏	2	72	梅州市	粤	212
2	宿迁市	苏	5	73	衡水市	冀	214
3	无锡市	苏	10	74	保定市	冀	222
4	嘉兴市	浙	12	75	沧州市	冀	223
5	东莞市	粤	14	76	衢州市	浙	225
6	佛山市	粤	15	77	廊坊市	冀	235
7	台州市	浙	20	78	承德市	冀	239
8	东营市	鲁	24	79	邢台市	冀	291
9	盐城市	苏	25	80	丽水市	浙	299
10	常州市	苏	26	81	三亚市	琼	305

五、研究性发现与政策建议

通过东部地区综合绩效和分职能领域理解的评估结果，可以从中得出如下几个方面的研究性发现，以此为东部地区乃至全国地市级政府管理绩效改进提供参考。

（一）新旧动能转换是发展的必然选择

本次评估重点关注了山东省地市级政府绩效的问题。从东部地区地市级经济发展绩效排名中可以看到，山东省虽然在综合绩效上表现尚佳，但该省在经济发展领域既无出色的地级市，又无地级市进入后10名，表现比较"平庸"。山东不仅在经济发展绩效中表现暗淡，在各分职能领域排名中也乏善可陈，仅东营市在经济效果中排名进入全国前10。

作为长期以来外界印象中的经济发达地区，山东的经济到底存在什么问题？应当看到，山东和东北的经济结构的确较为相似，两地的传统工业和重工业占比非常高，山东重工业占比超过70%。山东高新技术产业占比仅1/3，高耗能、高污染企业较多。从国家统计局提供的一组数据可以进一步看出端倪。2014年山东实际GDP增速为8.7%，远高于全国平均增速；随后4年逐年递减，由8.0%、7.6%、7.4%一直降到2018年的6.4%，低于全国6.7%的平均增速；经济衰退之快令人担忧，和东北当初情况非常相似。

习近平同志指出，要坚持以供给侧结构性改革为主线，积极转变发展方式、优化经济结构、转换增长动力。① "创新驱动、新旧动能转换，是我们是否能过坎的关键。关键技术、核心技术、高新技术，要靠自己，发挥我们的制度优势，集中力量办大事。"② 他在2018年6月12日至14日考察山东青岛、威海、烟台、济南等地时强调，推动经济发展质量变革、效率变革、动力变革，要坚持"腾笼

---

① 在庆祝改革开放40周年大会上的讲话[N].人民日报，2018-12-18（002）.
② 创新是我们能否过坎的关键[EB/OL].[2019-12-01].http://www.xinhuanet.com/politics/leaders/2018-06/14/c_1122987466.htm.

换鸟、凤凰涅槃"的思路。①《中共中央关于坚持和完善中国特色社会主义制度推进国家治理体系和治理能力现代化若干重大问题的决定》中则进一步明确,要"推进国有经济布局优化和结构调整,发展混合所有制经济,增强国有经济竞争力、创新力、控制力、影响力、抗风险能力,做大做强做优国有资本。深化国有企业改革,完善中国特色现代企业制度"。② 这为山东省的经济发展指明了方向。

联系到山东省近期的一系列动作和经济数据可以看到,当前该省以供给侧结构性改革为切入点,大力推动产业转型升级,深入贯彻落实新发展理念。2018年1月3日,国务院正式批复全国首个以新旧动能转换主题的区域发展战略——《山东新旧动能转换综合试验区建设总体方案》,同意设立山东新旧动能转换综合试验区。③ 战略实施以来,山东省2018年全年工业机器人、服务器产量增长率分别达到100%、76.2%,相比之下,生铁产量仅增长1.8%,水泥产量则下降4.5%。④ 可以看到,山东省通过全面贯彻落实党的十九大精神,深入推进新旧动能转换,已经为下一步创新发展夯实了基础,铺开了大路。

(二) 社会保障与就业管理工作制约东部地区发展

作为重要的民生工程,社会保障与就业管理工作关系到社会稳定和国家长治久安的大局,值得高度关注。党的十九大报告提出,增进民生福祉是发展的根本目的,要通过实现"幼有所育、学有所教、劳有所得、病有所医、老有所养、住有所居、弱有所扶",保证全体人民在共建共享发展中有更多获得感。⑤ 近年来,东部地区经济社会发展迅速,在民生改善方面取得了长足的进步,也有很多亮

---

① 习近平在山东考察时强调 切实把新发展理念落到实处 不断增强经济社会发展创新力 [EB/OL]. [2019-12-01]. http://www.xinhuanet.com/politics/leaders/2018-06/14/c_1122987584.htm.

② 中共中央关于坚持和完善中国特色社会主义制度 推进国家治理体系和治理能力现代化若干重大问题的决定 [N]. 人民日报, 2019-11-06 (001).

③ 国务院关于山东新旧动能转换综合试验区建设总体方案的批复 [EB/OL]. [2019-12-01]. http://www.gov.cn/zhengce/content/2018-01/10/content_5255214.htm.

④ 沿着总书记指引的方向奋勇前行 [EB/OL]. [2019-12-01]. http://www.sohu.com/a/297671072_120024412.

⑤ 决胜全面建成小康社会 夺取新时代中国特色社会主义伟大胜利——在中国共产党第十九次全国代表大会上的报告 [N]. 人民日报, 2017-10-28 (001).

点，但仍然存在诸多问题，社会保障与就业管理工作就是其中的一个关键点。一方面，东部地区人口多，密度大，带来了较大的社会保障压力；另一方面，东部地区高等院校众多，就业压力也远远高于其他地区。

本项研究的第一次评估（2010 年数据）中曾经提出，社会管理绩效是东部地区地市级政府的短板。评估指出，东部地区地市级政府社会管理绩效仅略高于中部，居全国第三，而且其综合绩效平均得分在全国平均水平之下，是该地区地市级政府唯一失去先导优势的职能绩效。本次评估继续关注了这一问题。在本次评估中，社会管理绩效的确再一次成为东部地区的短板，如图 7-31 所示，东部地区所辖地市级政府社会管理绩效整体水平依旧落后于东北地区和西部地区，也与全国平均水平有 0.35 分的差距，继续位居全国第 3 仅高于中部地区的 4.66分。在分职能领域，上一次评估结果显示，东部地区地市级政府在社会保障与就业管理领域排名倒数第二。本次评估显示，东部地区地市级政府在社会组织与人口管理领域和社会安全管理领域的绩效居全国中游，但是在社会保障与就业管理领域排名进一步下滑至倒数第一。评估结果在一定程度上说明，东部地区在社会管理尤其是社会保障与就业管理领域存在一定困境。

当前，东部地区在社会保障与就业管理工作方面的确存在较大的压力，面临一定困境。为了完善覆盖全民的社会保障体系，健全有利于更充分更高质量就业的促进机制，一方面要健全统筹城乡、可持续的基本养老保险制度、基本医疗保险制度，稳步提高保障水平；另一方面要实施就业优先政策，创造更多就业岗位。[1] 这为东部地区社会保障和就业管理工作的深入推进指明了方向。

（三）区域一体化发展效果显著

随着全球城镇化与经济全球化进程的不断加快，区域一体化发展已成为世界各国经济发展的总体方向，城市群已成为各国参与全球竞争中的关键角色。区域一体化发展，既是区域经济发展的内在逻辑，又是高质量发展的迫切需要。21世纪以来，随着全球经济和城市的发展，城市群也正以国家竞争的核心单元和主

---

[1] 决胜全面建成小康社会　夺取新时代中国特色社会主义伟大胜利——在中国共产党第十九次全国代表大会上的报告［N］. 人民日报，2017-10-28（001）.

阵地的崭新角色出现在世界舞台，深刻影响着当前和未来的政治经济版图。①

当前，作为世界第二大经济体中国的经济发达区域，东部地区各省正全力推动一体化发展。《中共中央关于坚持和完善中国特色社会主义制度 推进国家治理体系和治理能力现代化若干重大问题的决定》中指出，要构建区域协调发展新机制，形成主体功能明显、优势互补、高质量发展的区域经济布局。② 以京津冀地区为例，近年来北京市着力疏解非首都功能，制定实施了新增产业禁止和限制目录，河北省则加快改革完善住房、户籍及人才等制度，加强承接产业转移能力。再如"长三角"地区。2018年4月26日，习近平总书记在武汉主持召开深入推动长江经济带发展座谈会时概括了推动长江经济带发展需要正确把握的整体推进和重点突破、生态环境保护和经济发展、总体谋划和久久为功、破除旧动能和培育新动能以及自身发展和协同发展五大关系，对区域发展做出了重要指示。③ 2019年5月13日，中共中央政治局会议审议通过《长江三角洲区域一体化发展规划纲要》，通过政策的出台肯定了区域城市集群发展的趋势。该区域在2019年5月召开了长三角主要领导座谈会，明确提出要在长三角地区率先构建区域协同创新共同体，加快长三角区域协同创新网络建设，合力推进建设重大科技基础设施集群，持续推进科技联合攻关和资源开放共享，努力建成具有全球影响力的科技创新高地。

本书的结果在一定程度上印证了区域一体化为区域内各省市发展带来的强劲动力。以广东为例，对比"珠三角"④ 范围内的7个地级市（广州、深圳除外）与该省其他的12个地级市的政府绩效排名可以看到，在地市级政府绩效全国总

---

① 城市群重构中国经济"新版图"聚合效应成新动能 [EB/OL]. [2019-12-01]. http://www.xinhuanet.com/house/2018-03-07/c_1122497740.htm.

② 中共中央关于坚持和完善中国特色社会主义制度 推进国家治理体系和治理能力现代化若干重大问题的决定 [N]. 人民日报, 2019-11-06 (001).

③ 加强改革创新战略统筹规划引导 以长江经济带发展推动高质量发展 [N]. 人民日报, 2018-04-27 (001).

④ 早在2008年底，国务院就下发了《珠江三角洲地区改革发展规划纲要》，规划涉及广州、深圳、佛山、东莞、中山、珠海、江门、肇庆、惠州共9个城市。2015年9月29日，国务院批复同意设立珠三角国家自主创新示范区，连同2014年获批的深圳市国家自主创新示范区，广东省已形成"1+1+7"的自主创新示范区城市分工格局。

第七章 "公开信息"评估:一种第三方政府绩效评估技术

排名的变化上,虽然广东省地市级政府在本次评估中整体表现不佳(被福建超越),但本次评估相比上次评估政府绩效全国总排名实现提升的仍有佛山、江门2个地级市,而这2个市都属于"珠三角"区域7市之内。总体上看,"珠三角"区域内的地级市发展步伐明显较快,发展潜力明显较强,这与广州、深圳的带动作用是分不开的,与各市之间在产业结构上的紧密分工协作也是分不开的。

结 语

回溯世界各国的发展轨迹,经济腾飞和社会进步往往伴随着形形色色的矛盾冲突。当代中国的发展之路也不例外,在取得一系列辉煌成就的同时,仍然潜藏诸多不确定性因素,地方政府绩效评估的功能价值将越发凸显。面对纷至沓来的机遇与挑战,进一步加强地方政府绩效评估研究和实践,提高评估的科学化、专业化、可操作化程度,在制度、机制及技术等层面尝试评估的新模式、新方法,扎实推进各类评估模式的有机融合,将为深化国家治理体系改革和治理能力现代化提供强有力的支撑与动力。

本书认为,在中国地方政府绩效评估模式的未来发展中,应实施科学性与应用性双向定位的评估模式融合。从委托第三方评估的案例中可以看到,虽然在可信度上仍然存在诸多问题,但这种合同约束下的评估在一定程度上内含着科学性与应用性并重的双向评估定位,符合政府绩效评估未来发展的趋势,具有一定的借鉴价值。未来,在政府主导下引入专业社会力量,建立合作关系而非合同关系的合作评估方式,将是地方政府绩效评估模式融合的可行之路。

需要说明的是,本书的研究仅仅是对中国地方政府绩效评估模式差异研究的一次尝试,对一些重要问题的展开还不够深入甚或未能触及。第一,关于政府本位评估与社会本位评估两大类模式。本书仅初步讨论了两类模式的优缺点,但从指导实践的角度看,两类模式的表述过于宏观。实际上,各地实践种类千差万别,本书的研究在提出"模式壁垒"问题的基础上,未能建立一个有足够统合力和解释力的框架,使各类实践做法的优缺点、适应场景、改进路径在各维度得以细分,更加清晰地展现给读者。第二,关于中国地方政府绩效评估的未来走向。本书提出了中国地方政府绩效评估模式融合的方向,但在实际应用中,该论点对于政策制定者和学者的用处可能仅限于一个"大方向"而已,具体到制度如何确定、机制如何搭建等细节问题，本书未能给出一个完美的答案。另外，本书的写作过程稍显仓促，部分语句用词欠准确。以上问题作为本书的不足之处，既有待学界的进一步探讨，又将成为笔者在未来的研究中着力突破的点。

参考文献

[1] Bo Zhiyue. Economic Performance and Political Mobility: Chinese Provincial Leaders [J]. Journal of Contemporary China, 1996, 5 (12): 133-154.

[2] Brignall S. An Institutional Perspective on Performance Measurement and Management in the New Public Sector [J]. Management Accounting Research, 2000, 11 (3): 281-306.

[3] Campbell J P, McCloy R A, Oppler S H, et al. A theory of performance [C]//N. Schmitt, Borman W C. Personnel Selection in Organizations, San Francisco: Jossey-Bass Publisher, 1993.

[4] Eleanor C. Evaluating Public Programs [C]//James L. Perry. Handbook of Public dministration, San Francisco: CA: Jossey-Bass, 1989.

[5] Green R J. Stokey N L. A Comparison of Tournaments and Contracts [J]. Journal of Political Economy, 1983, 91 (3): 349-364.

[6] Heinrich C. Outcomes-Based Performance Management in the Public Sector: Implications for Government Accountability and Effectiveness [J]. Public Administration Review, 2010, 62 (6): 712-725.

[7] Landry, P, "The Political Management of Mayors Post~Deng China", in Copenhagen [J]. Journal of Asian Studies, Vol. 17, 2003.

[8] Lazear E P, Rosen S R. Order Tournaments as Optimum Labor Contracts [J]. Journal of Political Economy, 1981, 5 (89): 841-864.

[9] Mwita J I. Performance Management Model: A Systems-Based Approach to Public Service Quality [J]. International Journal of Public Sector Management, 2000, 13 (1): 19-37.

［10］Nalebuff B, Stiglitz J E. Prizes and Incentives: Towards a General Theory of Compensation and Competition [J]. Bell Journal of Economics, 1983, 1 (14): 21-43.

［11］Sanderson I. Perfonnance Management, Evaluation and Learning in Modern Local Government [J]. Public Administration, 2001, 79 (2): 297-313.

［12］把区块链作为核心技术自主创新重要突破口 加快推动区块链技术和产业创新发展 [N]. 人民日报, 2019-10-26 (001).

［13］包国宪, 曹西安. 我国地方政府绩效评价的回顾与模式分析 [J]. 兰州大学学报（社会科学版）, 2007, 35 (1): 34-39.

［14］包国宪, 道格拉斯·摩根. 政府绩效管理学——以公共价值为基础的政府绩效治理理论与方法 [M]. 北京: 高等教育出版社, 2015.

［15］包国宪, 罗纳德·塔门, 小林麻理. 从绩效管理到绩效领导的公共部门创新理论与实践 [M]. 北京: 科学出版社, 2011.

［16］本报评论员. 东部地区, 勇立潮头率先发展 [N]. 经济日报, 2019-08-26 (001).

［17］蔡立辉. 西方国家政府绩效评估的理念及其启示 [J]. 清华大学学报（哲学社会科学版）, 2003 (1): 76-84.

［18］蔡立辉. 政府绩效评估的理念与方法分析 [J]. 中国人民大学学报, 2002 (5): 97-104.

［19］陈海勇. 基于公众满意度的电子政务绩效评估指标体系设计 [J]. 财会研究, 2014 (1): 68-70.

［20］陈磊, 林猜庭. 法治政府绩效评价: 主客观指标的互补互证 [J]. 中国行政管理, 2016 (6): 16-21.

［21］陈巍. 国外政府绩效管理法制化的经验及其启示 [J]. 湖南社会科学, 2015 (5): 104-107.

［22］陈岩. 政府绩效管理面临的法律困境与道路探索 [J]. 辽宁行政学院学报, 2011, 13 (2): 17-19.

［23］陈振明, 樊晓娇. 科技公共服务评价指标体系的构建 [J]. 行政论坛, 2014 (5): 48-55.

［24］城市群重构中国经济"新版图"聚合效应成新动能［EB/OL］．［2019-12-01］．http：//www.xinhuanet.com/house/2018-03-07/c_1122497740.htm．

［25］创新是我们能否过坎的关键［EB/OL］．［2019-12-01］．http：//www.xinhua-net.com/politics/leaders/2018-06/14/c_1122987466.htm．

［26］《促进中部地区崛起规划（2016至2025年）》政策解读［EB/OL］．［2018-07-15］．http：//www.scio.gov.cn/34473/34515/Document/1535229.htm．

［27］戴维·奥斯本，特德·盖布勒．改革政府［M］．周敦仁译．上海：上海译文出版社，2006．

［28］道格拉斯·C.诺斯．制度、制度变迁与经济绩效［M］．杭行译．上海：格致出版社，2014．

［29］邓淑莲．部门预算透明度：指标、问题与建议［J］．中国行政管理，2012（9）：40-44．

［30］丁煌，梁满艳．地方政府公共政策执行力测评指标设计——基于地方政府合法性的视角［J］．江苏行政学院学报，2014（4）：99-106．

［31］丁肇启，李锴锯．中国官员晋升之政治锦标赛理论的再验证——基于省级主要领导样本的分析［J］．福建行政学院学报，2016（2）：55-65．

［32］董碧娟．东部继续领先 西部快速追赶［N］．经济日报，2013-12-13（009）．

［33］董静．政府绩效评估理论研究与模式分析［D］．兰州大学博士学位论文，2012．

［34］杜治洲．地方政府廉政建设评价指标筛选科学性的缺失及对策［J］．中国行政管理，2012（2）：105-109．

［35］范柏乃，段忠贤．政府绩效评估［M］．北京：中国人民大学出版社，2012．

［36］范柏乃，朱华．我国地方政府绩效评价体系的构建和实际测度［J］．政治学研究，2005（1）：84-95．

［37］方振邦．政府绩效管理［M］．北京：中国人民大学出版社，2012．

［38］付景涛，倪星．论地方政府在绩效评估中的理性选择——以珠海市为

例［J］．岭南学刊，2009（2）：77-81．

［39］付景涛．主观型政府绩效评估结果的控制方式研究——以珠海市"万人评议政府"为个案［J］．武汉理工大学学报（社会科学版），2011（6）：825-830．

［40］高小平，刘悦．我国地方政府部门绩效评估研究［J］．江苏行政学院学报，2010（5）：90-95．

［41］顾阳．我国东部地区创新活力持续释放［N］．经济日报，2019-06-23（003）．

［42］郭丹，付伟．指标式管理的扩张及其影响研究［J］．领导科学，2015（17）：50-52．

［43］郭睦庚，储冬红．绩效评估体系的有效性探讨［J］．长江大学学报（社会科学版），2003（3）：60-62．

［44］国家行政学院政府绩效评估中心．欧洲通用评估框架及其在中国的试点应用［M］．北京：国家行政学院出版社，2008．

［45］国务院关于山东新旧动能转换综合试验区建设总体方案的批复［EB/OL］．［2019-12-01］．http：//www.gov.cn/zhengce/content/2018-01/10/content_5255214.htm．

［46］何文盛，廖玲玲，李明合．我国地方政府绩效评估结果偏差的分类研究：概念、类型与生成机制［J］．福建论坛（人文社会科学版），2012（10）：165-171．

［47］何文盛，廖玲玲，王焱．中国地方政府绩效评估的可持续性问题研究——基于"甘肃模式"的理论反思［J］．公共管理学报，2012，9（2）：114-121．

［48］赫伯特·A.西蒙．管理行为［M］．詹正茂译．北京：机械工业出版社，2011．

［49］胡宁生．构建公共部门绩效管理体系［J］．中国行政管理，2006（3）：20-23．

［50］胡宁生．中国政府形象战略［M］．北京：中共中央党校出版社，1998．

[51] 胡守勇. 公共文化服务效能评价指标体系初探 [J]. 中共福建省委党校学报, 2014（2）: 45-51.

[52] 黄君洁. 评价包容性增长指标体系的构建 [J]. 上海行政学院学报, 2013, 14（3）: 77-85.

[53] 加布里埃尔·A. 阿尔蒙德. 发展中地区的政治 [M]. 任晓晋, 储建国, 宋腊梅, 译. 上海: 上海人民出版社, 2012.

[54] 加快实施创新驱动发展战略 加快推动经济发展方式转变 [N]. 人民日报, 2014-08-19（001）.

[55] 加强改革创新战略统筹规划引导 以长江经济带发展推动高质量发展 [N]. 人民日报, 2018-04-27（001）.

[56] 坚定不移沿着中国特色社会主义道路前进 为全面建成小康社会而奋斗——在中国共产党第十八次全国代表大会上的报告 [N]. 人民日报, 2012-11-18（001）.

[57] 蒋雅文. 论制度变迁理论的变迁 [J]. 经济评论, 2003（4）: 73-79.

[58] 蒋云根. 我国政府绩效评估法制化建设的路径思考 [J]. 甘肃理论学刊, 2008（2）: 5-10.

[59] 金太军, 沈承诚. 政府生态治理, 地方政府核心行动者与政治锦标赛 [J]. 南京社会科学, 2012（6）: 65-70.

[60] 决胜全面建成小康社会 夺取新时代中国特色社会主义伟大胜利——在中国共产党第十九次全国代表大会上的报告 [N]. 人民日报, 2017-10-28（001）.

[61] 郎玫, 包国宪. 博弈视角下政府绩效评价模型选择的理论优化 [J]. 西北师范大学学报（社会科学版）, 2012（3）: 121-126.

[62] 雷玉琼, 李岚. 乡镇政府公共服务供给能力评估指标体系建构——兼论政府公共服务能力的研究现状 [J]. 中国行政管理, 2015（11）: 30-35.

[63] 李红亮. 关于地方政府社会建设绩效评估指标体系——基于模糊综合评价理论 [J]. 理论探索, 2013（6）: 75-79.

[64] 李军鹏. 公共服务型政府 [M]. 北京: 北京大学出版社, 2004.

［65］李军．以幸福指数为导向的地方政府绩效评估指标体系分析［J］．理论学刊，2013（7）：81-84.

［66］李晓壮．政府社会建设绩效评估指标体系的构建与应用［J］．统计与决策，2013（22）：78-81.

［67］李永刚，管明．地方官员竞争的政治锦标赛模型及其优化［J］．江苏行政学院学报，2011（2）：73-78.

［68］李勇，龚小芳，惠鸿曜等．政务微博条件下的政民交互度评价指标体系构建［J］．重庆大学学报（社会科学版），2016，22（4）：172-179.

［69］李友芝，谭貌．政府信息服务绩效评估指标体系的构建［J］．情报科学，2013（12）：33-37.

［70］李宇环．地方政府战略管理能力评价模型与指标体系［J］．中国行政管理，2015（2）：72-77.

［71］梁芷铭．政府劳动行为的企业度量指标研究——区域物流发展与政府治理转型系列之十［J］．商业时代，2014（32）：111-114.

［72］林毅夫．关于制度变迁的经济学理论：诱致性变迁与强制性变迁［M］．上海：三联书店，1996.

［73］刘蓓．促进生态文明建设的西部地方政府绩效评价指标研究——以广西为例［J］．学术论坛，2014（1）：31-35.

［74］刘长木．论美国政府绩效评估制度［D］．吉林大学博士学位论文，2010.

［75］刘剑雄．中国的政治锦标赛竞争研究［J］．公共管理学报，2008，5（3）：24-29.

［76］刘旭涛．关于政府绩效评估体系的四个基本问题［J］．新视野，2005（6）：43-45.

［77］刘旭涛，孙迎春．政府绩效管理：经验，问题与改进［J］．行政管理改革，2010（12）：61-65.

［78］陆小成．城市公共服务绩效评价指标研究——以北京为实证分析［J］．广东行政学院学报，2016（3）：24-30.

［79］罗伯特·S.卡普兰，大卫·P.诺顿．战略中心型组织［M］．周大勇，

王建军, 刘海等译. 北京: 人民邮电出版社, 2004.

［80］马宝成. 试论政府绩效评估的价值取向［J］. 中国行政管理, 2001（5）: 19-21.

［81］马广奇. 制度变迁理论: 评述与启示［J］. 生产力研究, 2005（7）: 225-227.

［82］马克·雷. 公共部门业绩评估与改善［J］. 中国行政管理, 2000（3）: 38-42.

［83］孟华, 王永坚. 政府教育管理职能转变的绩效评估指标体系建构［J］. 上海教育科研, 2013（2）: 14-17.

［84］敏锐把握世界科技创新发展趋势 切实把创新驱动发展战略实施好［N］. 人民日报, 2013-10-02（001）.

［85］尼古拉斯·亨利. 公共行政与公共事务［M］. 孙迎春译. 北京: 中国人民大学出版社, 2011.

［86］倪星, 李晓庆. 试论政府绩效评估的价值标准与指标体系［J］. 科技进步与对策, 2004（9）: 7-9.

［87］倪星, 余凯. 试论中国政府绩效评估制度的创新［J］. 政治学研究, 2004, 21（3）: 84-92.

［88］倪星. 中国地方政府绩效评估创新研究［M］. 北京: 人民出版社, 2013.

［89］聂新伟. 政府信用、地方政府债务风险与信用指标体系构建的思路［J］. 财政研究, 2016（3）: 15-26.

［90］欧书阳, 吴江. 构建科学的重庆基层政府绩效评估体系［J］. 西南大学学报（社会科学版）, 2009, 35（1）: 97.

［91］欧文·E. 休斯. 公共管理导论［M］. 彭和平, 周明德, 金竹青等译. 北京: 中国人民大学出版社, 2006.

［92］彭锻炼. 地方政府社会保险服务绩效评价指标体系构建与绩效测度［J］. 中央财经大学学报, 2015（1）: 19.

［93］彭国甫. 地方政府绩效评估程序的制度安排［J］. 求索, 2004（10）:

63-65.

[94] 彭国甫. 对政府绩效评估几个基本问题的反思 [J]. 湘潭大学学报（哲学社会科学版），2004，28（3）：6-11.

[95] 彭国甫. 构建地方政府绩效评估体系的四个基本问题 [J]. 湘潭大学学报（哲学社会科学版），2007，31（4）：73-81.

[96] 彭国甫. 价值取向是地方政府绩效评估的深层结构 [J]. 中国行政管理，2004（7）：75.

[97] 彭国甫，李树丞，盛明科. 应用层次分析法确定政府绩效评估指标权重研究 [J]. 中国软科学，2004（6）：136-139.

[98] 彭国甫. 中国政府绩效评估研究的现状及展望 [J]. 中国行政管理，2006（11）：18-20.

[99] 彭涛，王宇鹏. 论基层信访考核指标体系的设定 [J]. 法律科学（西北政法大学学报），2014（6）：123-133.

[100] 齐心. 政府社会建设绩效评估指标研究 [J]. 中共天津市委党校学报，2015（2）：90-94.

[101] 乔坤元. 我国官员晋升锦标赛机制的再考察——来自省、市两级政府的证据 [J]. 财经研究，2013，39（4）：123-133.

[102] 尚虎平，韩清颖. 政府绩效立法的央地互动模式：美国的经验与启示 [J]. 甘肃行政学院学报，2016（5）：4-12.

[103] 尚虎平，钱夫中. 从绩效问责到宏观调控工具——2003~2014年国外政府绩效评估综述 [J]. 北京行政学院学报，2015（5）：40-50.

[104] 申亮. 政府投资透明度评价指标体系的构建及检验 [J]. 当代财经，2013（10）：26-35.

[105] 申喜连. 政府绩效评估创新研究——基于对企业绩效评估的比较和借鉴 [D]. 中央民族大学博士学位论文，2012.

[106] 盛明科. 服务型政府绩效评估体系构建与制度安排研究 [D]. 湘潭大学博士学位论文，2010.

[107] 盛明科. 中国政府绩效评估研究的现状与学术影响力评估——基于

CSSCI 期刊论文数据 [J]. 甘肃社会科学, 2013 (2): 63-67.

[108] 时影. 绩效评估与当代中国地方政府行为 [M]. 南昌: 江西人民出版社, 2016.

[109] 史传林. 地方政府绩效评估指标体系变动的内在逻辑——基于深圳市政府绩效评估指标体系的动态分析 [J]. 行政论坛, 2015 (3): 45-50.

[110] 宋斌, 鲍静. 科学发展观的地方政府绩效评估理念和体系探析 [J]. 甘肃行政学院学报, 2007 (1): 22-26.

[111] 宋航, 曾军平. 重构政府信息技术管理绩效评估指标体系的思考 [J]. 财政研究, 2013 (8): 25-28.

[112] 孙德超. 地区医疗卫生服务均等化评价指标体系的构建 [J]. 中国行政管理, 2013 (9): 49-52.

[113] 孙健敏, 焦长泉. 对管理者工作绩效结构的探索性研究 [J]. 人类工效学, 2002 (3): 1-10.

[114] 孙琦峰. 基于经济指标构建的社会稳定风险评估研究 [J]. 财经问题研究, 2015 (3): 16-23.

[115] 汤柏生, 章建雷, 张秀明等. 构建宁波社会管理创新评价指标体系的探讨 [J]. 三江论坛, 2012 (5): 14-16.

[116] 唐天伟, 曹青华, 郑争文. 地方政府治理现代化的内涵、特征及其测度指标体系 [J]. 中国行政管理, 2014 (10): 46-50.

[117] 陶然, 苏福兵, 陆曦等. 经济增长能够带来晋升吗？——对晋升锦标竞赛理论的逻辑挑战与省级实证重估 [J]. 管理世界, 2010 (12): 13-26.

[118] 陶勇, 王益民. 政务微博评估指标体系与测评方法 [J]. 统计与决策, 2014 (6): 24-27.

[119] 提高关键核心技术创新能力 为我国发展提供有力科技保障 [N]. 人民日报, 2018-07-14 (001).

[120] 汪仕凯. 国家治理评估的指标设计与理论含义 [J]. 探索, 2016 (3): 146-152.

[121] 汪玉凯, 黎映桃. 公共部门绩效评估——从标准、指标和制度视角的

分析 [J]. 中国行政管理, 2006 (12): 16-18.

[122] 汪玉凯. 中国行政体制改革20年的回顾与思考 [J]. 中国行政管理, 1998 (12): 10-13.

[123] 王建军. 论政府与民间组织关系的重构 [J]. 中国行政管理, 2007 (6): 54-57.

[124] 王蕾. 企业员工绩效评估有效性的研究 [D]. 南京师范大学硕士学位论文, 2004.

[125] 王锡锌. 公众参与、专业知识与政府绩效评估的模式——探寻政府绩效评估模式的一个分析框架 [J]. 法制与社会发展, 2008 (6): 3-18.

[126] 王欣, 吴江. 公共就业服务满意度评价及指标体系——基于服务型政府导向的研究 [J]. 中国人力资源开发, 2013 (7): 79-83.

[127] 王远, 尚静. 大学教师绩效评估制度的有效性分析 [J]. 河北大学学报 (哲学社会科学版), 2004 (3): 52-54.

[128] 韦恩·蒙迪, 罗伯特·M. 诺埃. 人力资源管理 [M]. 葛新权译. 北京: 经济科学出版社, 1998.

[129] 韦森. 再评诺斯的制度变迁理论 [J]. 经济学 (季刊), 2009 (1): 743-768.

[130] 魏福成, 胡洪曙. 我国基本公共服务均等化: 评价指标与实证研究 [J]. 中南财经政法大学学报, 2015 (5): 26-36.

[131] 吴国存. 企业职业管理与雇员发展 [M]. 北京: 经济管理出版社, 1996.

[132] 吴建南, 阎波. 政府绩效: 理论诠释、实践分析与行动策略 [J]. 西安交通大学学报 (社会科学版), 2004 (3): 31-40.

[133] 吴建南, 张翔. 政府绩效的决定因素: 观点述评、逻辑关系及研究方法 [J]. 西安交通大学学报 (社会科学版), 2006, 26 (1): 7-13.

[134] 吴建南, 庄秋爽. "自下而上"评价政府绩效探索: "公民评议政府"的得失分析 [J]. 理论与改革, 2004 (5): 69-71.

[135] 吴江. 基于价值管理的政府绩效评估体系研究 [D]. 吉林大学博士

学位论文，2007.

［136］吴江，张雪峰，张焕英．基于科学发展观的政府绩效评估体系构建［J］．西南大学学报（人文社会科学版），2007，33（1）：94-98.

［137］吴开明．我国基本养老保险的公平原则及衡量指标体系［J］．中国行政管理，2014（4）：53-57.

［138］西奥多·H．彼伊斯特．公共与非营利组织绩效考评：方法与应用［M］．肖鸣政译．北京：中国人民大学出版社，2005.

［139］习近平在山东考察时强调 切实把新发展理念落到实处 不断增强经济社会发展创新力［EB/OL］．［2019-12-01］．http：//www.xinhuanet.com/politics/lead-ers/2018-06/14/c_1122987584.htm.

［140］肖金成．中部崛起的新机遇与新挑战［J］．区域经济评论，2018（1）：20-21.

［141］谢凤华，彭国甫．基于战略能力的政府绩效评估体系构建研究［J］．科技管理研究，2006，26（12）：184-186.

［142］谢志贤．政府绩效评估有效性问题研究——以吉林省政府绩效评估为个案［D］．吉林大学博士学位论文，2010.

［143］徐翠枚．基本公共服务均等化水平评价指标研究——以海南为例［J］．调研世界，2014（3）：48-52.

［144］徐绍刚．建立健全政府绩效评价体系的构想［J］．政治学研究，2004（3）：76-83.

［145］徐志国．官员政绩考核指标化的困境与出路探析［J］．中共四川省委省级机关党校学报，2012（5）：86-90.

［146］许为民，李稳博．从经典学术论文的视角分析绩效内涵研究［J］．东华大学学报（社会科学版），2009，9（4）：332-336.

［147］闫帅．政府绩效评估的主体选择困境——兼论政府本位和社会本位评估模式的有效性与有限性［J］．天津行政学院学报，2012，14（3）：66-71.

［148］沿着总书记指引的方向奋勇前行［EB/OL］．［2019-12-01］．http://www.sohu.com/a/297671072_120024412.

[149] 杨畅. 当代中国政府公信力评估指标体系构建探析 [J]. 中国行政管理, 2013（12）：51-53.

[150] 杨杰, 方俐洛, 凌文辁. 关于绩效评价若干基本问题的思考 [J]. 自然辩证法通讯, 2001, 23（2）：40-51.

[151] 杨其静, 郑楠. 地方领导晋升竞争是标尺赛、锦标赛还是资格赛 [J]. 当代社科视野, 2014（1）：130-156.

[152] 杨瑞龙, 王元, 聂辉华. "准官员"的晋升机制——来自中国央企的证据 [J]. 管理世界, 2013（3）：23-33.

[153] 杨瑞龙. 我国制度变迁方式转换的三阶段论——兼论地方政府的制度创新行为 [J]. 经济研究, 1998（1）：5-12.

[154] 杨小军, 宋心然, 范晓东. 法治政府指标体系建设的理论思考 [J]. 国家行政学院学报, 2014（1）：64-70.

[155] 杨宇谦, 吴建南, 马亮. 服务型政府与政府绩效评估体系创新——基于德尔菲调查法的发现 [J]. 经济社会体制比较, 2011（5）：141-148.

[156] 叶敏. 我国地方政府绩效评估研究——以杭州市政府绩效评估为例 [D]. 浙江大学硕士学位论文, 2008.

[157] 叶托, 胡税根. 政府购买社会服务的绩效评估指标研究——基于德尔菲法和层次分析法的应用 [J]. 广东行政学院学报, 2015（2）：7-15.

[158] 於冉, 黄贤金, 钟太洋. 省级政府土地管理绩效督察评价指标体系研究 [J]. 中国土地科学, 2014（9）：17-24.

[159] 喻锋, 姜晓晖. 治理叙事中的指标演义：城市发展评价设计中的地方政府行为模式探析 [J]. 公共管理与政策评论, 2016（2）：13-21.

[160] 贠杰. 中国地方政府绩效评估报告 No.1 [M]. 北京：社会科学文献出版社, 2017.

[161] 贠杰. 中国地方政府绩效评估：研究与应用 [J]. 政治学研究, 2015（6）：76-86.

[162] 在庆祝改革开放40周年大会上的讲话 [N]. 人民日报, 2018-12-18（002）.

［163］臧乃康．地方政府绩效评估的"南通模式"：效应、瓶颈及努力方向［J］．北京行政学院学报，2008（6）：13-17.

［164］臧乃康．和谐社会构建中的政府绩效评估价值重置［J］．甘肃社会科学，2006（1）：240-243.

［165］臧乃康．和谐社会建设过程中政府绩效评估体系与制度安排［J］．政治与法律，2008（12）：38-45.

［166］臧乃康．我国地方政府绩效评估组织体系的解析与优化［J］．甘肃行政学院学报，2008（1）：55-60.

［167］张超兰．当前我国地方政府绩效评估指标体系探析［D］．湖南师范大学硕士学位论文，2015.

［168］张定安，谭功荣．绩效评估：政府行政改革和再造的新策略［J］．中国行政管理，2004（9）：75-79.

［169］张光进，邵东杰．绩效内涵新解与考评方法选择［J］．商业研究，2013（3）：65-69.

［170］张欢，胡静．社会治理绩效评估的公众主观指标体系探讨［J］．四川大学学报（哲学社会科学版），2014（2）：120-126.

［171］张书林．社会管理科学化水平之效能指标体系与测评［J］．中共四川省委党校学报，2012（2）：92-97.

［172］张岩鸿．政府绩效评估：述评、探究及改进策略［J］．政治学研究，2008（5）：108-115.

［173］张一驰．人力资源管理教程［M］．北京：北京大学出版社，1999.

［174］张再生，徐爱好．医疗保险制度评价指标体系构建及其应用研究——以天津市城乡居民医疗保险制度为例［J］．中国行政管理，2015（1）：99-103.

［175］赵贝贝．政府绩效评估立法启示录——世界发达国家政府绩效评估法制化经验及评析［J］．人力资源，2007（5）：66-67.

［176］郑传贵．经济新常态背景下地方政府招商引资绩效考评指标体系创新研究［J］．领导科学，2016（27）：22-23.

［177］郑方辉，何志强，邓霖．第三方评政府整体绩效：指标领域层及实证

检验[J]. 广东行政学院学报,2014(5):5-10.

[178] 郑方辉,邱佛梅. 法治政府绩效评价:目标定位与指标体系[J]. 政治学研究,2016(2):67-79.

[179] 郑龙. 漳州市绩效考评情况调研报告[J]. 福建行政学院福建经济管理干部学院学报,2001(4):10-13.

[180] 中共中央关于坚持和完善中国特色社会主义制度 推进国家治理体系和治理能力现代化若干重大问题的决定[N]. 人民日报,2019-11-06(001).

[181] 中共中央关于制定国民经济和社会发展第十四个五年规划和二〇三五年远景目标的建议[N]. 人民日报,2020-11-04(001).

[182] 中国行政管理学会课题组,龚禄根,包国宪等. 政府部门绩效评估研究报告[J]. 中国行政管理,2006(5):11-16.

[183] 中央经济工作会议在北京举行[N]. 人民日报,2014-12-12(001).

[184] 钟海. 政府绩效评估之有效性研究[J]. 南昌大学硕士学位论文,2007.

[185] 周长城,韩俊强. 建构社会管理科学化指标研究——基于包容性增长下改革政府绩效考核评价体系的视角[J]. 社会科学研究,2013(5):8-13.

[186] 周飞舟. 锦标赛体制[J]. 社会学研究,2009(3):54-77.

[187] 周国富,王晓玲,宫丽丽. 地方政府政绩考核指标体系研究[J]. 统计与决策,2014(16):38-42.

[188] 周黎安. 中国地方官员的晋升锦标赛模式研究[J]. 经济研究,2007,42(7):36-50.

[189] 周仁标. 论"省管县"体制实施的困境与障碍及其消解[J]. 理论与改革,2010(2):51-55.

[190] 周志忍. 公共组织绩效评估——英国的实践及其对我们的启示[J]. 新视野,1995(5):38-41.

[191] 周志忍. 公共组织绩效评估:中国实践的回顾与反思[J]. 兰州大学学报(社会科学版),2007,35(1):26-33.

[192] 周志忍. 论政府绩效评估中主观客观指标的合理平衡[J]. 行政论坛,2015(3):43-50.

[193] 周志忍. 效能建设：绩效管理的福建模式及其启示 [J]. 中国行政管理, 2008 (11)：44-49.

[194] 周志忍. 政府绩效评估中的公民参与：我国的实践历程与前景 [J]. 中国行政管理, 2008 (1)：111-118.

[195] 周智红, 王二平. 作业绩效和关系绩效 [J]. 心理科学进展, 2000 (1)：54-57.

[196] 祝江斌. 重大突发公共卫生事件中地方政府灾后恢复能力关键评价指标研究 [J]. 湖北行政学院学报, 2014 (2)：45-50.

[197] 卓越, 杨浙闽. 公共部门绩效评估的过程控制 [J]. 天津行政学院学报, 2003 (3)：28-31.

[198] 卓越. 政府绩效评估的模式建构 [J]. 政治学研究, 2005 (2)：88-95.

[199] 邹士年. 中部崛起必将成为拉动中国经济增长的主引擎 [J]. 财经界 (学术版), 2018 (5)：4-6.

后　记

搁笔之际，回首往事，由衷地感到幸运。有机会在中国社会科学院研究生院这所哲学社会科学的殿堂读书求学，继而在教育部社科中心这个平台继续研究和思考，将对人文社科研究的兴趣和个人职业结合起来，我是非常幸运的。面前的这份书稿，是结合近六年求学和工作历程中对政府绩效评估的思考，它既是一次理论结合实际的尝试，又是一个开启进一步探索的起点。

首先，要感谢我的博士生导师贠杰老师。自 2015 年离沪至京以来，跟随贠老师学习，这是我人生的关键节点。老师对于学术有着极其严谨的态度，经常跟我们强调要紧扣"观点明确、角度新颖、思路集中、结构合理、逻辑严谨、方法得当、语言精练、实践导向"八个要点，要时刻带着"读者意识"，不能有半点懈怠。在老师的谆谆教诲之下，终于有机会窥见学术的冰山一角，领略到了学术科研这项工作的魅力。在本书写作中，贠老师给予我大量的珍贵建议，倾注了无数的心血，他经常主动打来电话，与我就某个学术问题讨论到深夜，全然不顾已辛苦工作一天的身体。老师对我的指导是潜移默化的，我不仅从身份上开始由一个政府绩效管理领域的一线实践者转变为该领域的研究者，而且也开始结合在基层的经历和感悟，试图从更大的视野去研究和思考中国政府绩效评估的未来。在生活中，贠老师也总是能够及时指出我的问题，直中要害，让愚钝的我恍然开悟。以上种种，难以言表，唯有对贠老师的深深感激。

其次，在本书写作中，还有诸多师友给予了重要指导和帮助，提出了宝贵的意见，在此一并表示感谢。感谢中国社会科学院的张树华老师、陈红太老师、田改伟老师、韩旭老师、樊鹏老师、孙彩红老师、张宁老师、李群老师、辛向阳老师、唐磊老师，中共中央党校（国家行政学院）的张晓玲老师、肖立辉老师，中国政法大学的翟校义老师。需要感谢的师友还有很多，自将铭记在心。

最后，要感谢我的家人。家人总是尽心竭力地在物质和精神上支持我，从不提任何要求，不求任何回报，这给我提供了安心学术的好环境、好心境。

千里之行，始于足下。行文至此，我不禁想起了多年来求学路上的种种波折。一路走来，从来不敢忘记的，有老师们的教诲，有"笃学、慎思、明辨、尚行"的研院校训，也有亲朋的期盼。未来，我将卸下包袱，轻装上路。不忘初心，方得始终。

徐阳

2021年4月于北京